ちくま新書

日本経済を学ぶ

岩田規久男
Iwata Kikuo

512

日本経済を学ぶ【目次】

章扉イラスト＝田中康俊

はじめに

本書は、戦後の高度経済成長期から「失われた一〇年」といわれる平成の長期経済停滞期までの日本経済の軌跡を、主要な問題に焦点を当てながらたどってみたものです。本書執筆時点の二〇〇四年六月から一〇月現在にかけて、経済政策を誤らなければ、日本経済はようやく平成の長期経済停滞から抜け出して、安定的な成長経路に復帰できそうな様相を示しています。本書執筆の動機は、このような時期に、戦後日本経済の軌跡を振り返ってみることには大きな意義があると考えたからです。

戦後日本経済の経験は、生産性を引き上げて豊かな経済を築くためには、マクロ経済政策によって物価や雇用の安定といったマクロ経済の安定化を図りつつ、市場を自由かつ競争的に保つことによって、人々の自由な創意と工夫を最大限に引き出すことが、もっとも重要な経済政策であることを示しています。本書では、そのことをさまざまな事例を示しながら明らかにしたいと思います。

これと密接に関連しますが、本書が強調したいもう一つの点は、人々の自由な創意と工夫を最大限に引き出す政策には、構造改革や競争政策を割り当て、物価や雇用の安定を図る政策には、マクロ経済政策、具体的には、金融政策を割り当てるべきであるという点です。これを経済政策の割り当て問題といいますが、この政策割り当てを間違うと、経済に大きな打撃を与え、時としてそれは破壊的になることがあります。私は、平成の長期経済停滞はそうした経済政策の割り当てを誤った事例であると考えています。本書では、このことを戦後日本経済だけでなく、イギリス経済の例も示しながら明らかにしたいと思います。

本書には、英国病とそれを克服したサッチャー改革に関する話がしばしば登場します。これは、私が本書をイギリスに滞在しながら執筆しており、サッチャー改革について研究中だからです。英国病は日本の高度経済成長政策との対比で興味深く、サッチャー改革と小泉構造改革の比較は、マクロ経済環境が異なるとその効果がどのように異なるかを考える上で、恰好の事例を提供しています。

さらに、本書ではときどき、本筋から離れた〝脱線〟が起こり、私自身の体験話が顔を出します。この脱線と私的体験談の挿入は、実は、私の大学での講義スタイルを取り入れたものです。卒業生によると、私の講義で印象に残り、かつ役に立ったのは、この脱線と私的体験談だけで、本筋の話は覚えていないそうです。そこで本書では冒険ですが、あえて私の講義スタイルを採用してみました。言ってみれば、本書は私の大学外での「公開講座」です。

本書の執筆に当たっては、草稿を八田達夫国際基督教大学教授、若田部昌澄早稲田大学助教授、田中秀臣上武大学助教授、中村宗悦大東文化大学教授、内田勝晴日本経済新聞社出版局編集委員、原田泰大和総研チーフエコノミスト、山崎福寿上智大学教授、西崎寿美氏（内閣府）に見ていただき、誤りや改善をご指摘いただきました。特に、若田部助教授にはA4で一〇ページ近くにわたって、詳細な改善点をご指摘いただきました。また、ケヴィン・マコーミック博士（サセックス大学社会学上級講師）は著者にサセックス大学で研究する機会を与えてくださり、著者が不案内なサッチャー改革以前・以後のイギリスの労使関係の解説や研究上の必読文献の紹介など、たいへんお世話になりました。サッチャー改革の評価や日本的経営の変化などに関する同博士との議論は、本書を執筆する上でたいへん有益でした。本書が、誤りが少なく、多少とも面白くなったとすれば、これらのかたがたのご指導の賜物で、深く感謝します。

筑摩書房の山野浩一氏は、著者にいつかは書きたいと思っていた日本経済論の執筆の機会を与えて下さり、本書の企画と編集の労をとられました。厚く感謝の意を表する次第です。

二〇〇四年八月二十四日
イギリス　ブライトンにて

岩田規久男

戦後の日本経済年表

1945（昭和20）年　8/15終戦、財閥解体
1946（昭和21）年　5/19食糧メーデー、第2次農地改革
1947（昭和22）年　4/14独占禁止法、労働民主化
1949（昭和24）年　1ドル＝360円
1950（昭和25）年　朝鮮戦争勃発
1951（昭和26）年　日米安保条約調印
1953（昭和28）年　独禁法改正
1954（昭和29）年　6/9自衛隊発足
1955（昭和30）年　高度成長時代へ、三種の神器（洗濯機、冷蔵庫、白黒テレビ）
1956（昭和31）年　神武景気、「もはや戦後ではない」（経済白書）　12/18国連加盟
1958（昭和33）年　なべ底不況、東京タワー完成、神戸三宮「ダイエー」開店
1959（昭和34）年　岩戸景気、日産「ブルーバード」発売、三池炭鉱争議始まる、貿易自由化開始
1960（昭和35）年　「所得倍増計画」、安保闘争、即席ラーメン、インスタントコーヒー
1963（昭和38）年　「巨人、大鵬、卵焼き」
1964（昭和39）年　東京オリンピック、東海道新幹線開業、OECD加盟、ベトナム戦争勃発
1965（昭和40）年　昭和40年（65年）不況
1966（昭和41）年　いざなぎ景気、ビートルズ来日
1968（昭和43）年　3C（カー、クーラー、カラーテレビ）
1969（昭和44）年　GNP世界第2位、初の「公害白書」
1970（昭和45）年　大阪万博、よど号ハイジャック事件
1971（昭和46）年　ドル（ニクソン）・ショック、日本マクドナルド1号店、日清カップヌードル
1972（昭和47）年　5/15沖縄返還、9/29日中国交正常化、「日本列島改造論」
1973（昭和48）年　第1次石油ショック、変動為替相場制へ（1ドル＝277円）、大店法公布
1974（昭和49）年　狂乱物価、戦後初のマイナス成長、スタグフレーション、セブンイレブン1号店
1976（昭和50）年　ロッキード事件、宅配便の事業化
1979（昭和54）年　第2次石油ショック、ソニー「ウォークマン」、インベーダーゲーム
1980（昭和55）年　自動車生産世界一
1981（昭和56）年　レーガノミックス
1983（昭和58）年　東京ディズニーランドオープン
1984（昭和59）年　「一億総中流意識」
1985（昭和60）年　G5プラザ合意、円高時代へ、電電公社からNTTへ、男女雇用機会均等法、ファミコンブーム、日本の対外純資産世界第1位に
1986（昭和61）年　「前川レポート」、ウルグアイ・ラウンド、公定歩合3.5%（戦後最低）
1987（昭和62）年　国鉄民営化、バブル景気スタート
1988（昭和63）年　牛肉・オレンジ輸入自由化合意、リクルート事件
1989（平成元）年　消費税導入（3%）、バブル景気、12/29株価最高値（38915円）、日米構造協議
1990（平成2）年　バブル崩壊、8/18株価最安値（14309円）、湾岸危機
1991（平成3）年　日銀、金融緩和政策に転換、湾岸戦争、ソ連崩壊
1992（平成4）年　平成不況
1995（平成7）年　阪神大震災、WTO発足
1997（平成9）年　消費税5%、三洋証券と北海道拓殖銀行の破綻、山一證券廃業
1999（平成11）年　日銀ゼロ金利政策
2000（平成12）年　ITバブル
2001（平成13）年　9・11テロ事件、デフレ、狂牛病、省庁改編
2002（平成14）年　ペイオフの部分解禁、時価会計導入
2003（平成15）年　イラク戦争、3/18バブル後株価最安値（8144円）、失業率5.4%
2004（平成16）年　景気の本格的回復への期待高まる

第一章

戦後復興から高度経済成長期まで

1　なぜ、高度経済成長が実現したのか

日本経済は一九八〇年代の半ばから九一年にかけて、後に、「バブル景気」と呼ばれるほどの好景気に酔いしれました。ところが、九二年から景気が悪くなり、日本経済は絶好調から一転して、奈落の底へと転げ落ち始めます。それでも、転げ落ち始めた当初は、誰しも経済停滞がその後一一年も続くとは予想しなかったでしょう。というのは、戦後、日本経済は「もうだめだ」といわれるたびに、何度も不死鳥のごとくよみがえってきたからです。

そこで、この章では、戦後復興から始めて、高度経済成長期までの日本経済を素描し、次章で、それ以降、九〇年代から二〇〇〇年初頭にかけての「失われた一〇年」といわれる「経済停滞期」までの日本経済の軌跡をたどり、なぜ、「失われた一〇年」といわれるほどの長期経済停滞が起きたのかを考えてみましょう。

†廃墟の中から高度経済成長へ

不死鳥のごとくよみがえったという点では、まず、戦後の急速な復興から高度経済成長（以下、高度成長と略します）の時代があげられます。四五（昭和二〇）年に連合国に降伏した当初の焼け

高度成長と第一次石油危機後の急落

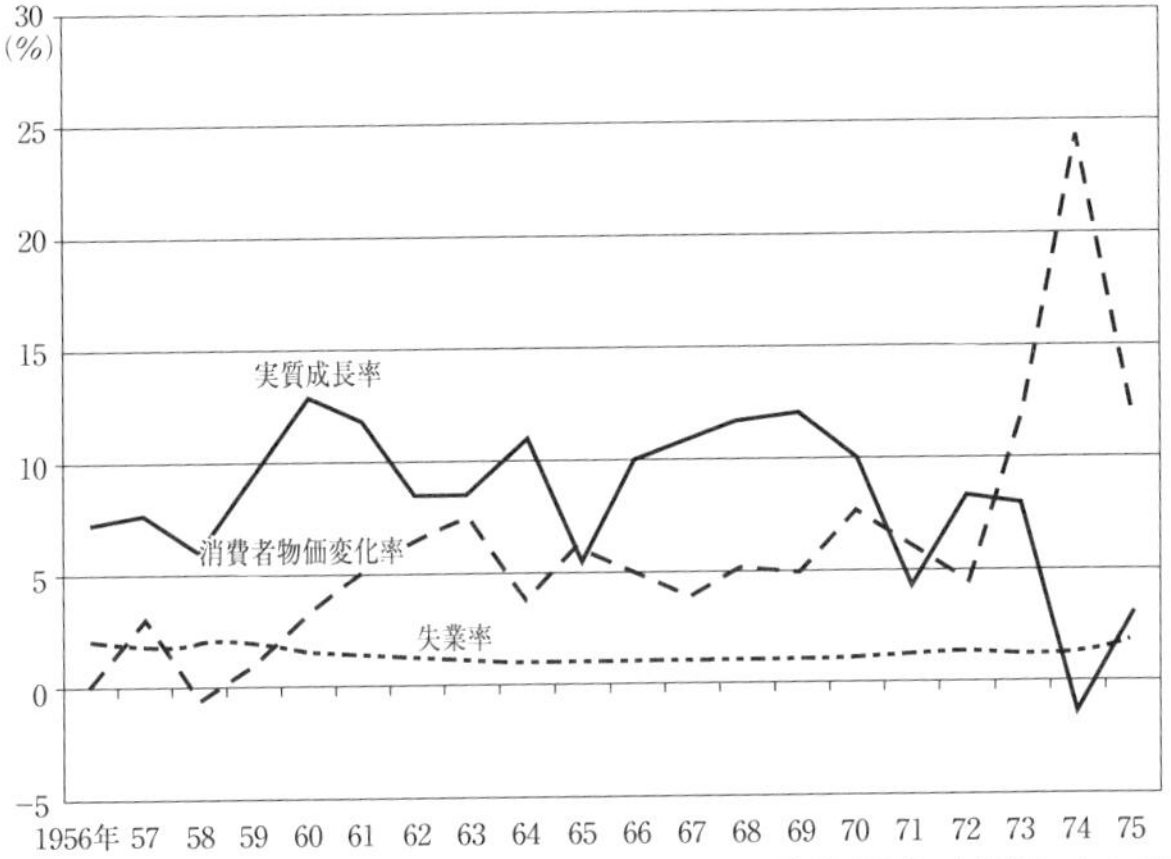

（出所）総務省、内閣府ホームページ

野原の中で、その後の高度成長を予想した人はほとんどいなかったでしょう。しかし、日本経済は世界から「日本の奇跡」と呼ばれる復興と成長を廃墟の中から成し遂げました。

私の子供の頃は、テレビも車も一部の金持ちのものでしかなく、友だちの家がテレビを買ったというので、皆で見せてもらいに行ったものです。電話のある家も少なく、たいていの人は電話のある家に借りに行ったものです。一部の金持ちが自家用車を持つようになったのは、六〇年代に入ってからです。

六〇年代当時のテレビは、「奥様は魔女」や「名犬ラッシー」などのアメリカの中流家庭のホームドラマを盛んに放映していましたから、私の世代はアメリカの豊かな消費生活を知って、「すごいなぁ。日本人には到底かなわぬ夢だなぁ」と羨ましく思ったものです。当時の日本人はバターは高価だったため、安くてまずいマーガリンを、それも母親に塗り過ぎないように注意されながら塗って食べたものです。今では、あのまずかったマーガリンは美味しく、バターよりも脂肪分が少ない分、健康的な食品として普及していますが、まさに隔世の感があります。

いずれにせよ、まさか、あのテレビが映し出したアメリカの中流家庭の消費生活が日本でも普通になるとは誰が想像したでしょうか。

しかし、いまや、テレビも電話も車も持っていない家庭はほとんどないといってよいでしょう。今では、地方では、車なしには生活できず、二台持っている家庭も結構増えています。六〇年代半ば頃までは、その後急速にモータリゼーションが進んで、車公害が起きるほど道路が車であふれると想像した人はいなかったと思います。しかし、想像もしなかったことが起きたのです。

いつからいつまでを高度成長期というかについては、公式の定義はありませんが、ここでは、五五（昭和三〇）年から七〇（昭和四五）年を高度成長期としましょう。この期間の国民総生産（GNP）の成長率の平均は一〇％に達しました。これは、七年で国民総生産が倍になるスピードです。

ついでにここで、大変便利な「七〇の法則」を説明しておきましょう。これは、七〇を成長率や利子率で割ると、何年で、もとの数が倍になるかがわかる法則です。例えば、〇四年六月現在、一年満期の元本一〇〇〇万円の定期預金の金利は、〇・〇三%に過ぎませんが、これがどれだけ低い金利かを知るには、何年預ければ元本が倍になるかを計算してみることです。七〇の法則を使うと、実に二千三百三十三年もかかることがわかります。

†夢の「所得倍増計画」の実現

話がそれましたが、私にとって高度成長といえば、最初に思い出すのは、あの独特の「だみ声」の池田勇人首相です。池田首相は、戦後最大の大衆による反対運動を引き起こした六〇年安保と、「総資本と総労働の対決」といわれ、大量の炭鉱離職者を生み出すことで終わった三池炭鉱大争議が終わった後に登場します。池田氏が首相になったのは、前任の岸信介首相が一時は自衛隊の出動までも検討し、一人の女子学生の死をもたらしたほどの大衆運動を押し切って、強引に日米安全保障条約を結んだ直後です。そのこともあって、池田首相は「低姿勢」と自らの政治スタンスを表現して、政策の舵取りを、それまでの「政治」から「経済」に大きく転換します。そこで打ち出したキャッチコピーが、「所得倍増計画」でした。

この計画は一〇年で所得を倍にするというものです。私は当時一八歳の高校生でしたが、この計画を「夢のような話」と受け止め、とうてい信ずることはできませんでした。七〇の法則を使うと、所得が一〇年で倍になるには、年平均七%で増えなければなりません。日本経済は五五

（昭和三〇）年頃から、成長率が平均七〜八％に達し、すでに、高度成長期に入っていましたから、実は、「所得倍増計画」の数値はその数値を延長したに過ぎませんでした。

ところが、実際には、「所得倍増計画」以後、一人当たり国民所得は、毎年一〇・四％のスピードで増えましたから、七年で倍になってしまいました。政府の計画が実現、しかも、計画期間終了前に実現したのは、おそらくこの「所得倍増計画」以外にないでしょう。

読者の皆さんは「所得倍増計画」というと、かつての社会主義国が採用した「計画経済」を思い浮かべるかもしれません。しかし、戦後日本の政府の「計画」は、どれも社会主義国の「計画」とはまったく異なるものです。

それでは、どうやって所得を一〇年で倍にするというのでしょうか？「所得倍増計画」は、「民間の経済主体が、自由企業と市場機構を通して経済合理性を追求しつつ、その創意と工夫により自主的活動を行う」ことによって、一〇年で、場合によってはそれよりも短い期間で、所得を倍にするというのです。

読者の中には、「勝手にやってくれでは、計画といえず、政府は無責任だ」と思われる方がおられるかもしれませんが、まさに、この「勝手にやってくれ。政府は余計な干渉はしない」ことを経済政策の原則にしたことにこそ、高度成長をもたらした秘密があると思います。

戦後、財閥が解体され、「カルテル」（企業同士で価格や生産数量に関する協定を結ぶこと）などを形成する非競争的な寡占体制が崩れて、企業間競争が活発になります。企業はこぞって先進国で開発された技術を導入し、設備を最新のものに置き換えていきます。先進国で開発された新製品が改良を加えられつつ、次々に導入され、新規参入、新企業の立ち上げも活発になります。この時期の主役企業の中には、トヨタ、日産、ホンダ、日立、松下、ソニーなどの、財閥とほとんど縁がないか、せいぜい新興財閥の一員だった程度の革新的な企業が少なくありません。

企業による積極的な新技術・新製品の導入と開発、新しい流通経路の開拓などの技術革新は、経済成長を加速し、経済成長によって増えた消費者の所得は新しい製品の購入に向かいます。企業は消費者に製品を売った代金で技術革新に投じた資金を回収した上で、余った資金を用いてさらなる技術革新に挑戦する。こういう理想的な経済成長のプロセスが実現したのです。

この企業の技術革新を支えたものは、企業間の激しい競争でした。競争は企業に、勝利に安住することを許しません。企業は常に、新しいフロンティアに向かって挑戦していかなければ、競争に負けてしまいます。最悪の場合は倒産です。これが、「勝手にやってくれ。政府は余計な干渉はしない」ことによる成長メカニズムです。要するに、自由な市場の競争こそが成長の原動力だということです。

ところが、日本のみならず、海外でも、日本の高度成長は旧通産省をはじめとする省庁の「産業政策」によってもたらされたという考え方が根強く存在します。私はこの考え方には否定的ですが、詳しくは第五章で述べることにします。

†競争を促進した貿易の自由化

高度成長の原動力になった企業間競争は、貿易自由化によって拍車がかかりました。戦後、貿易が再開された後も、しばらくは、国際収支均衡の維持と産業保護のため、輸入許可制と外貨割り当て制が採用されました。外貨割り当て制とは、輸入に際して必要な外国通貨（略して、外貨）――具体的には、米国ドルです――を政府が輸入業者に割り当てて、売却する制度です。外貨の割り当てを受けられなければ、輸入できません。貿易の自由化は輸入許可制や外貨割り当て制を撤廃することをいいます。輸入に対して関税をかけることがありますが、関税をかけても、輸入許可制や外貨割り当て制が存在しなければ、貿易は自由であるといいます。

さて、六〇（昭和三五）年半ばの岸内閣の終わり頃から、貿易自由化が始まります。貿易自由化は一挙にではなく、品目ごとに、早期自由化、近い将来自由化、所要の時日の後自由化、自由化困難に分けて進められました。自由化困難品目は米麦製粉、バナナ、砂糖、酪農製品、小麦などの農産物で、農家を守るための保護政策です。バナナの輸入は長い間制限されていましたから、私の子供の頃は高価な果物で、病院へのお見舞いによく使われていました。ですから、最近のように、誰も食べないために腐ってしまうといったことが日常茶飯事になるとは、当時は思いもよりませんでした。

この時代に貿易自由化が進んだのは、海外からの輸入自由化圧力が高まったこと、国際収支が黒字基調になりはじめたため、外貨不足が解消しつつあったことなどが一因ですが、基本的には、貿易自由化が国益にかなっていたからです。政府の「貿易為替自由化計画大綱」も次のように述べています。すなわち、貿易自由化は企業の経済合理性に即した創意に基づく行動を促すことによって、日本経済に好ましい結果をもたらす、というのです。

具体的には、海外の安い原材料の輸入によって、生産コストが引き下げられるとともに、企業は国際競争にさらされるため、常に、合理化努力を迫られ、それにより、経済資源が無駄なく、有効に利用されるようになるということです。これにより企業の体質が改善され、ひいては国民生活の水準が欧米に近づいていくと考えられたのです。

実際に、貿易の自由化が進んだ産業は、国際競争にさらされて、よいものを安く作るという意味で効率化が進み、生産性が大きく向上しました。生産性が伸びる産業は当然のことながら、経済成長に大きく寄与します。トヨタ、ホンダ、ソニーなどの有名企業や多くの機械企業などはすべて、貿易自由化の下で国際競争に勝ち抜いた製造業で、経済成長の原動力になった企業です。

貿易自由化はまさに、「勝手にやってくれ。政府は余計な干渉はしない」という政策です。

†新しい技術と知識をこなした高い労働者の能力

しかし、アメリカをはじめとする先進国の高度の技術と知識があっても、それらを吸収して、使いこなす人材がいなければ、高度成長は実現しません。このことは、この章の終わりでお話しする、イギリスの反面教師としての経験に照らすといっそう明らかです。

日本では、いま述べた意味での人材が毎年大量に作り出されました。日本の人材生産装置は、教育と企業内訓練です。高度成長期には、高校はもちろん、大学・短期大学・専門学校の高等教育機関への進学率も毎年上昇し、日本の平均的学力水準は大きく高まりました。高度成長が終わる七〇年には、高校進学率は八〇%を超え、大学進学率も男子では二七・三%、女子も短大進学率が一割を超えました。高等教育機関への進学率は七〇年代に急速に上昇します。〇二年では、大学進学率は男子が四七%、女子も三四%に達しています。

さらに、日本の企業は仕事をしながら労働者を訓練することに熱心でした。この仕事をしながらの訓練(オンザジョッブ・トレイニング。OJT: On the Job Training)を制度的に支えたのが、終身雇用制と年功序列賃金制だったといわれますが、それについては、第三章で考えることにしましょう。

†四〇年不況で、高度成長も終わりか？

しかし、高度成長は六五年不況（通称、昭和四〇年不況）で中断します。その前年の六四年は、一〇月一日に東海道新幹線が開通した年です。ＮＨＫは当時人気ナンバーワンの鈴木健二アナウンサーを起用して、東京駅から新大阪駅まで、時速二〇〇キロで走るひかり号の一番列車を、三時間、休みなく実況放送したものです。今では、そんな番組を三時間も見続ける人はいないでしょう。今から思うと、気恥ずかしい気もしますが、高度成長時代にはそうした、国民がこぞって熱狂するイベントがたくさんあったのです。国民的イベントの頂点はいうまでもなく、東海道新幹線開通から九日後の一〇月一〇日に始まった「東京オリンピック」です。

しかし、興奮して騒いだ祭りの後は、決まって物悲しくもさびしくなるように、東京オリンピック後、日本経済は急速に後退色を強め、翌六五年の成長率はオリンピックの年の一一・二％から五・七％へと半分近くに下がってしまいます。これは、戦後初めての本格的不況と受け止められました。四〇年（昭和の年号で）不況の到来です。サンウエーブ、山陽特殊製鋼などの大型倒産が続き、四大証券の一角だった山一證券も破綻し、金融恐慌が心配されたほどです。山一證券は日本銀行の特別融資で、倒産をまぬかれ、金融恐慌は回避されます。しかし、同證券はこのときは倒産をまぬかれたものの、平成不況のさなかの九七（平成九）年一一月に廃業に追い込まれ、消滅してしまいます。

九〇年代から〇〇年初頭にかけての「失われた一〇年」の平均成長率が一％ですから、それに比べれば、六五年の五・七％成長は大変高い数値で、何が不況かと思われるかもしれません。しかし、高度成長時代の企業は、需要が年率一〇％程度で増えることを前提にして、設備と雇用者を増やし続けていましたから、モノやサービスに対する需要が五・七％でしか伸びなければ、過剰な設備や雇用者を抱えることになります。具体的には、設備投資のために借りた資金を返せなくなったり、雇用者が期待する賃金を払えなくなったり、赤字に陥ったりするということです。そうなれば、企業は新規の雇用を減らしたり、ボーナスをはじめとする賃金をカットしたり、設備投資を控えたりするようになります。賃金がカットされたり、新規雇用が減ったりすれば、消費者の所得は減りますから、消費が減ります。消費が減れば消費者にモノやサービスを売っている企業はいっそう儲からなくなりますから、右に述べたプロセスが繰り返されます。

一方、企業の設備投資が減れば、設備を作っている産業は設備が売れなくなって儲からなくなりますから、同じく、新規雇用を減らしたり、賃金をカットしたり、設備投資（このケースでは、設備を作るための設備の購入になります）を控えたりするようになります。設備投資が減れば、右で述べたプロセスが繰り返されることになります。

このようにして、供給能力の伸び率よりも需要の伸び率が低くなると、成長率がプラスでも、企業の利益も人々の所得も減り、雇用の減少から失業率も上昇します。これが需要不足による不況です。この経済全体の需要不足をGDPギャップといいます。

六五年（昭和四〇年）は成長率が前年の半分近くに落ち込んだため、GDPギャップは大きく、当時、四〇年不況は戦後最大といわれ、いよいよ、日本の高度成長も終わりかと思われました。

この不況が戦後最大といわれるほどになった一因は、財政政策にありました。景気が悪くなると、個人所得も法人所得も減りますから、所得税収も法人税収も減ります。このときの政府は税収が減ったので、赤字財政にならないように、財政支出も減らしました。しかし、景気は消費者も企業もモノやサービスを買わなくなるために悪くなるわけですから、そのとき、政府も財政支出を減らして、モノやサービスを買わなくなれば、国内では誰もが買わなくなってしまい、需要不足、つまりGDPギャップは拡大してしまいます。そうなれば、景気はいっそう悪くなります。

ですから、需要不足により景気が悪くなるときには、政府は財政が赤字になっても、国債を発行して資金を集め、それを使って財政支出を増やすほうが、景気の悪化を食い止め、うまくいけば景気を回復させることができると考えられます。あるいは、同じく財政赤字は拡大しますが、家計の税金を減らして、その可処分所得を高めることによって、消費を増やしたほうが、GDPギャップを縮小することができると考えられます。

以上のような景気対策の考え方をケインズ経済学といい、ケインズ経済学に基づく景気対策をケインズ政策といいます。ケインズ経済学に対しては、七〇年代半ば頃から批判が高まりますが、このときの財政政策が不況を深めた一因だったことは間違いないと思います。

実は、私は六六年（昭和四一年）三月に大学を卒業しましたから、四〇年不況のさなかの七月終わりから八月のはじめにかけては、就職活動をしていました。企業訪問で、「この不況を乗り切るには、どうすればよいか」と聞かれて、「国債を発行して、財政支出を増やすべきだ」とケインズ政策をとうとうと説明したことを覚えています。

政府は長い議論の末、国債を発行し、減税と財政支出の増加に踏み切り、ケインズ政策を実行します。実は、これが戦後日本で実施された最初のケインズ政策でした。それまでは、景気はケインズ政策に頼らずに良くなるほど、日本経済は力強かったということです。ケインズ政策への転換もあって、景気は急速に回復し、高度成長は終わるどころか、六〇年代後半は平均一一・六％のスピードで、前半の九・七％よりもさらに成長率は高まりました。

†完全雇用の実現と経常黒字の拡大

六〇年代後半の高度成長の特徴のひとつは、労働市場が完全に売り手市場になり、それまで一を切っていた有効求人倍率（求人数の求職者数に対する比率）が一を上回るようになり、完全雇用が達成されたことです。

もうひとつの特徴は、経常収支の黒字（経常黒字）が拡大するとともに、完全に定着したことです。日本経済の特徴の一つは石油を輸入し、石油エネルギーと輸入した原材料を用いて製品を作り、それを輸出するという加工貿易です。石油や原材料を輸入するためには外貨（多くの場合、米国ドル）が必要になりますが、輸入が輸出を超えれば、経常収支の大部分を占める貿易収支は赤字になります。戦後の日本はしばらくの間、貿易収支は赤字で、外貨は不足しがちでした。そのため、すでに述べた外貨割り当て制が採られてきたわけです。

しかし、六〇年代後半から、貿易収支の黒字（貿易黒字）が年々増えはじめ、貿易収支にサービス収支などを加えた経常収支の黒字（経常黒字）も、毎年、一〇〇〇億ドルから二〇〇〇億ドルのオーダーで拡大するようになります。これは、当時の日本人にとっては驚くべき現象でした。なぜなら、戦後長い間、外貨不足のため、輸入が制限されるだけでなく、海外旅行や海外留学をしようと思っても、なかなか外貨の割り当てが受けられず、受けられたとしても、一ドル三六〇円ではとても手が出なかったからです。海外旅行は夢のまた夢でした。当時、海外旅行や海外留学をした人たちの回想録を読むと、割り当てられた外貨だけでは生活できないため、ほぼ例外なく、闇でドルを買ったことが書かれています。規制があると、人々は何とかしてその抜け道を探そうとするよい例です。

さて、こうした外貨事情は、人々に、「貿易黒字国や経常黒字国は貿易競争に勝った金持ちの国である」とか「貿易赤字や経常赤字は悪で、貿易黒字や経常黒字は善である」という観念を植え付けます。この観念（実は、誤った観念）が、八〇年代に入って、日米経済摩擦の原因になりますが、それについては、第二章でお話ししましょう。

さて、この時期、日本が巨額な貿易黒字を計上し続けたということは、毎年、日本の輸出が輸入を大幅に上回るようになったということです。輸出製品の主体は重化学工業化を反映して、それまでの繊維などの軽工業製品から鉄鋼、化学製品、船舶などの重化学工業製品に変わります。それに対して、日本の最大の輸出先であったアメリカは毎年膨大な貿易赤字と経常赤字を計上するようになります。このアメリカの国際収支不均衡がニクソン・ショック、ブレトン・ウッズ体制の終焉、変動相場制への移行という一連の激動のドラマを生み出します。次に、そのドラマをお話ししましょう。

†ニクソン・ショックとブレトン・ウッズ体制の終焉

七一（昭和四六）年八月、ニクソン米大統領は、金とドルの交換停止と輸入課徴金（一〇％）の徴収を発表し、日本を含む主要各国に通貨の切り上げを要求し、世界をびっくりさせます。ニクソン・ショックです。金とドルの交換停止は戦後のブレトン・ウッズ体制が終焉することを意味します。この点から説明しましょう。

三〇年代の世界大恐慌のさなか、各国はそれまでの金本位制を放棄するとともに、お互いに仲間同士でブロックを構成し、ブロックに属した国同士だけで貿易をするようになりました。

この時期、世界が放棄した金本位制とは、通貨と金の交換比率を決め、その交換を保証する制度です。この制度の下では、各国の通貨の交換比率、すなわち為替レートは、各国の通貨と交換可能な金の比率によって決まります。例えば、一ドルと交換可能な金の量を一オンスとし、一円と交換可能な金の量を〇・五オンスとすれば、金との交換を媒介にして、一ドルは二円に相当することになります。したがって、円とドルの為替レートは一ドル当たり二円になります。このように、金本位制を採用している国の通貨の交換比率、すなわち為替レートは金との交換比率を媒介にして固定されますから、金本位制は一種の固定相場制で、為替レートの安定化が図られます。

第二次世界大戦後は、各国はブロック経済の弊害に懲り、自由に貿易することこそが、各国の発展と世界の平和につながるという考え方が浸透しました。しかし、各国は三〇年代に金本位制を放棄していましたから、自由貿易と資金の自由な国際間移動を再開するに当たって、各国の通貨の交換制度をどう再構築すべきかが大問題になりました。

最終的に採用された制度は次のようなものです。まず、各国は自国通貨と金との交換比率を決めます。次に、アメリカは、各国の中央銀行との間で、ドルと金の交換に応ずることにします。そうすると、各国の中央銀行は自国通貨をドルと交換し、そのドルをアメリカに売って金に換えることができますから、最終的には各国通貨は金と一定比率で交換可能になります。したがって、金本位制と同じように、為替レートは金との交換比率を媒介にして、固定されることになります。つまり、この制度は固定相場制です。

しかし、各国の中央銀行は自国通貨と金との交換には応じません。つまり、人々が紙幣を中央銀行に持っていっても、金と交換してくれません。ですから、これは戦前とられたような金本位制ではありません。しかし、各国は為替レートの安定がスムーズな貿易のために不可欠だと考えました。そこで、アメリカが各国の中央銀行との間で、ドルと金との交換に応ずることによって、為替レートを金本位制と同じように安定化させようとしたわけです。この制度の下で、日本円は一ドル三六〇円に固定されました。この制度はアメリカのブレトン・ウッズというところで決められたので、ブレトン・ウッズ体制と呼ばれます。

ところが、七一年八月のニクソン米大統領の声明は、これからは、アメリカはドルと金との交換に応じないというのです。そうなると、為替レートと金の関係は断たれますから、ブレトン・ウッズ体制は機能しなくなります。そこで、これをニクソン・ショックといいます。

アメリカがブレトン・ウッズ体制を維持できなくなったのは、当時のドル相場では、アメリカの経常収支が慢性的に赤字になり、国際収支の均衡を達成できなくなったからです。

ニクソン・ショック後、各国は変動相場制に移行しますが、その後、スミソニアン会議で通貨の多国間調整が実現し、円は対ドルレートでみて約一七％切り上がって、一ドル三〇八円で決着します。

しかし、スミソニアン体制は一年二カ月しか持ちませんでした。固定相場制を続けることは無理で、多くの国が、為替レートが市場の為替の需要と供給に応じて決まるという、変動為替相場制に移行します。日本も七三（昭和四八）年二月以降、変動為替相場制に移行し、以後、企業は常に変動する為替レートに神経を使いながら、さまざまな決定をしなければならなくなり、時として起こる為替レートの急変動に翻弄されるようになります。

2 「第一次石油ショック」後の成長率の鈍化

†石油ショックとそれ以後の成長の鈍化

ニクソン・ショックによる為替市場の混乱が、変動相場制への移行で決着して世界経済がようやく新しい制度の下で再出発しようとした矢先、今度は「石油ショック」が世界を襲います。私が大学院の博士課程を終えて、上智大学経済学部の講師になった七三（昭和四八）年の秋のことです。石油価格は一挙に四倍にも跳ね上がりました。エネルギー源のほとんどを中東の石油に頼る日本はいったいどうなるのか。誰しも将来の日本を思って、高度成長どころか、暗い時代の到来を予想しました。

「石油価格が高騰すれば、オイル・サンドや地熱発電などの代替エネルギーが開発され、省エネも進むから、将来をそんなに悲観する必要はない」と市場の役割を説いた経済学者もいましたが、それは多くの人にとって説得的ではなかったと思います。実際に起きたことは、トイレット・ペーパーや洗剤などに象徴される主婦らの買占めと、企業の売り惜しみでした。スーパーのすべての棚が空っぽの風景を見たのは、この石油ショックのときが最初で最後でした。お金があっても何も買えないということの恐ろしさを、初めて知りました。

これは「第一次石油ショック」で、七八年から七九年にかけて、「第二次石油ショック」が世界を襲います。第一次石油ショック後の七四年は、前年の高インフレを沈静化するために、金融引締政策がとられ、実質経済成長率は昭和三〇年代以降はじめてマイナス（マイナス一・四％）になります。この金融引き締めによる成長率の低下という政策的要因を除いて、七五年から円高不況の前年の八五年までの年間平均成長率を求めると、約四％になります。五六年から七〇年の高度成長期は九・七％でしたから、七五年以降の一一年間の成長率は高度成長時代より六割も低下したことになります。

それでも、日本は省エネの優等生で、二度の石油危機を当初予想したよりもはるかにうまく乗り切ったといえるでしょう。当初絶望したほどの困難な状況は実際には起こらなかったのです。もっとも、石油価格は八〇年代に暴落し、〇四年五月現在、ガソリンは一リッター一〇〇円程度かそれ以下で、石油会社の人に「中東で何百、何千メートルも穴を掘り、タンクではるばる日本まで運び、精製して、やっとできるガソリンが、いまや一二〇円もするミネラルウォーターより安いんですよ。しかも石油価格の半分以上は税金なんです」と嘆かせるほどの安さです。石油価格が長期的に低下したことは日本経済に有利に働いたといえるでしょう。

†なぜ七五年以降、成長率は鈍化したのか

それでは、七五（昭和五〇）年以降、経済成長率が高度成長期の四割の水準に低下したのはなぜでしょうか。これについての支配的な考えは石油価格が高騰したからだというものです。これは多くの読者の常識とも一致すると思います。これを石油価格高騰説と呼びましょう。

石油価格高騰説の妥当性を調べるために、他の主要国と比べてみましょう。N・クラフツというイギリスの経済学者は、主要国について、五〇年から七三年と七三年から八四年の経済成長とその要因を比較分析しています。日本の七三～八四年の平均経済成長率は五〇～七三年の九・四％から三・八％へと六割も低下しました。その他の主要国は、アメリカ三・七％から二・三％の低下（四割低下）、フランス五・一％から二・二％へ低下（六割弱低下）、ドイツ五・九％から

一・七％へ低下（約七割低下）、イギリス三・〇％から一・一％へ低下（六割弱低下）です。アメリカを除く主要国は日本とほぼ同じかそれ以上の割合で低下したことが分かります。この分析によると、アメリカを除く各国の成長率低下の最大の要因は、技術進歩や組織的な改善といった広い意味での技術進歩率の低下です。クラフツは、この要因で日本の成長率低下の半分が説明できるとしています。

それでは、七三年以降、アメリカを除く各国の技術進歩率が大幅に低下したのはなぜでしょう。クラフツはその大きな理由をキャッチ・アップ効果の低下で説明しています。生産性の伸び率はどの国もキャッチ・アップ過程で高くなる傾向があります。キャッチ・アップ効果とは、リーダー――戦後のリーダーはアメリカです――の技術や、進んだ組織を真似たり、リーダーが開発した設備を導入したりして、リーダーとの生産性ギャップを埋めることによって、生産性上昇が達成される効果のことです。キャッチ・アップが終了するにつれて、設備投資や技術導入の収益率は低下するため、設備投資や技術導入が減少し、その結果、経済成長率も低下すると考えられます。ヨーロッパの主要国や日本は七〇年代初めまでに、キャッチ・アップ過程をほぼ終了していたために、キャッチ・アップ効果が低下し、それが経済成長率を引き下げたというわけです。

クラフツの研究では、石油価格の高騰が経済成長率を低下させたという結論は導かれていません。これは常識とは異なる結論だと思います。しかし、もともとキャッチ・アップ効果のないアメリカの経済成長率が、石油ショック後、ヨーロッパ主要国や日本に比べてあまり低下しなかったことを考えると、石油価格高騰説はあやしく、キャッチ・アップ効果の低下のほうが説得的であると思います。

さらに、石油価格は八〇年代以降、他のモノに比べて大きく低下しており、〇四年五月現在、先述のように、ガソリン価格はミネラル・ウォーターよりも安い状況です。石油価格高騰説が妥当するならば、石油価格がこれだけ安くなったのですから、七三年以前の成長率が復活してもよさそうなものです。しかし、アメリカ以外のヨーロッパ主要国と日本はそうなっていません。これからも、石油価格高騰説はあやしいといえます。

†構造的要因も生産性伸び率低下の要因

クラフツの研究は、生産性伸び率が低下した要因として、キャッチ・アップ効果の低下に加えて、構造的要因が大きかったと述べています。構造的要因による生産性伸び率の低下とは、規制や慣行などによる競争の低下や非効率な公共投資などによる生産性伸び率の低下を指しています。これを構造要因説と呼びましょう。

日本でも、原田泰《ゆたか》、増田悦佐《えつすけ》、八田達夫の各氏が石油価格高騰説を否定し、構造要因説を主張しています。原田氏は、七〇年代に強化された大型店舗出店規制（大店法）をはじめとする規制の新設や強化が、輸出産業以外の国内産業の競争を妨げ、経済の効率化を遅らせたことや、地方交付税と補助金行政が地方の中央依存を強め、地方の活性化を阻んだことなどを、成長率低下の要因としてあげています。

一方、増田氏と八田氏は、成長率低下の要因として、七〇年代初頭から採用された、「国土の均衡ある発展」が望ましいという考え方に基づく「逆構造改革」を指摘しています。この考え方に基づいて、全国総合開発計画（全総）が始まります。第一次石油ショックは七三年一〇月に起きますが、それより三カ月前に首相になった田中角栄氏は「日本列島改造論」を唱えて、東京一極集中を改め、地方分散を積極的に進めるという経済政策を採用しますが、これも同じ考え方に基づいています。

戦後の高度成長は、農村から都市へ、若者を中心に労働の大移動をもたらしました。農林水産業就業人口は六〇年の千四百九十四万人から七五年には八百六十二万人へと大きく減少しています。この都市への人口大移動により、六〇年代終わり頃から、「中央の過密、地方の過疎」が政治的問題になります。人口と産業を地方に分散し、地方を東京や大阪のように豊かにしなければならない。そのための具体的手段は、公共投資予算の地方への手厚い配分、工業（工場）等制限法による、工場と大学の中央における建設の抑制・禁止と地方での建設促進、米価支持、鉄道赤字ローカル線の維持などでした。公共投資予算の地方への手厚い配分とは、端的にいえば、東京などの大都市で徴収した税金を地方にばら撒くということです。

地方分散政策と同じ考えは都市の内部でも適用されました。東京都心の過密を避けるために、容積率規制（敷地面積に対する建物の総床面積の比率を一定以下に制限する規制）によって都心の高層化・超高層化を抑制し、新宿や池袋の副都心や、横浜や千葉などの新核都市に事務所を移転させようという都心分散政策がそれです。

地方分散政策により、地方は豊かになりました。そのため、豊かさを求めて、東京などの大都市に移動する人が減り、高度成長期の大都市への人口移動は止まってしまいます。しかし、生産性の低い地域に道路を中心とする公共投資が大きく配分されたため、日本全体の生産性は低下してしまいました。例えば、地方にはほとんど車の走らない道路がどんどん作られましたが、地方の生産性を高めることにはごくわずかしか寄与しませんでした。他方、東京は道路（特に、環状道路）がいつまでたっても整備されないため、渋滞がひどく、首都高速道路は「安上がりの動く駐車場」と揶揄されるほどです。これでは、東京の生産性は大きく低下してしまいます。

「容積率規制」を主たる武器とする東京都心三区の事務所建設抑制政策は、需要と供給の関係から、都心三区の事務所賃料を大きく引き上げましたから、外資系をはじめとする企業が新宿などの副都心や千葉幕張や横浜に、さらに、香港やシンガポールなどのアジアの都市に逃げていきました。企業にとって、フェース・ツウ・フェース・コンタクト（顔と顔とをつき合わせて話し合うこと）は、生産性を決定する重要な要因です。それは特に、金融、証券、保険をはじめとする第三次産業、すなわち、サービス産業に当てはまります。例えば、東京の丸の内・大手町に事務所を構えていれば、証券マンは一日に一〇人の顧客に会えるとしましょう。一方、事務所が新宿にあると、地下鉄や山手線やタクシーを使っても、交通に時間を取られるため、一日に五人の顧客としか会えないとしましょう。これでは、生産性は丸の内・大手町に事務所があった場合に比べて半分になってしまいます。千葉幕張の事務所では、一日二人くらいしか会えないかもしれません。そうなれば、丸の内・大手町に比べて、生産性は五分の一に低下してしまいます。

増田、八田両氏は、こうした七〇年代から顕著になる地方分散政策と都心分散政策が、七〇年代の急激な成長率の低下をもたらしたとしています。年来の主張をまとめた増田氏の『高度経済成長は復活できる』（文春新書）は、地方の住民、農民、中小企業を「弱者」に仕立て上げ、「弱者保護」の名のもとに利権政治を集大成した田中角栄元首相こそ、高度成長の終焉をもたらした実行犯であることを、極めて説得的に明らかにしています。

これらの指摘は、戦後の高度成長をもたらしたものが、企業の競争環境を維持する政策であったことを示しています。七〇年代のように、競争を制限する規制を強化したり、新たに導入したり、地方交付税制度を用いて、地方に税金を大量にばら撒いたり、公共投資を生産性の低い地域に手厚く配分したりして、人為的に生産性の低い分野に労働や土地や資金を配分すれば、たとえ、先進国の技術を真似する機会、すなわち、キャッチ・アップの機会があっても、その機会を生かすことができず、経済は成長しないということです。そのことを実証した国があります。そのことを、次にお話ししましょう。

†英国病に悩んだ戦後のイギリス

五〇代以上の読者であれば、英国病という言葉を聞いたことがおありでしょう。ということは、最近は、英国病という言葉を聞く機会がなくなったということでもあります。それでは、英国病とは何で、なぜ発生し、いまではなぜ聞かれなくなったのでしょう。

英国病とは生産性の伸びが極めて低いために、長期経済停滞に悩むという病気です。労働者一人当たりの生産性の年間伸び率を国際比較すると、五一年から六四年まで、イギリスの二・三％に対して、フランス四・三％、西ドイツ五・一％、日本七・六％です。六四年から七三年までは、イギリス二・六％に対して、フランス四・六％、西ドイツ四・四％、日本八・四％。石油ショック後の七三年〜七九年は、どの国も低下し、イギリス一・二％、フランス二・八％、ドイツ二・九％、日本二・九％です。

他国に比べて低い生産性の伸び率を反映して、イギリスの購買力平価で測った一人当たり所得は、五〇年には世界第三位でしたが、七九年には一一位にまで下がってしまいます。日本は五〇年には一六位でしたが、七六年には一二位に浮上し、イギリスと肩を並べます。

では、なぜキャッチ・アップの機会という点では他のヨーロッパ諸国や日本と同じだったのに、イギリスの生産性伸び率はこれらの国に比べて低かったのでしょうか。前述のクラフツやN・オウルトンなどの有力な経済学者の分析の結論はこうです。

国ごとの長期的な成長率の違いをもたらす主たる原因は、制度の違いであると考えられます。低い設備投資や低い研究開発投資は低成長の要因ですが、それら自体は低成長の原因ではなく、制度に起因する症状であると考えられるからです。科学的、技術的知識が同じ程度に利用可能で、国際貿易と資本移動が自由（資本移動の自由とは、企業が他国で自由に工場や事務所を建設したり、他国の企業を自由に買収できることをいいます）で、戦争や政治的混乱がない国の間で、成長率が異なるのはなぜかを考えれば、制度の違いが重要であることは想像がつくでしょう。

オウルトンによれば、戦後イギリスの生産性の向上を妨げたのは、労使関係と教育の二つの制度です。まず、労使関係からみていきましょう。

イギリスでは、戦後、労働組合が急速に増えて、七九年には雇用者の約六割が組合に属していました。日本は八〇年で約三割ですから、これはかなり高い組織率です。イギリスの労組は職種別組合ですから、一つの職場に複数の組合が存在します。そのため、例えば、飛行機に旅客の荷物を運び込む人たちの組合がストをすれば、他の航空サービス従事者がストをしていなくても、飛行機は飛ばなくなってしまいます。

七〇年代までのイギリスの労組は、広範な労働争議の領域にわたって法的制裁を免れてきました。労組がサボタージュやストをするときには、それによって企業が被った損害を賠償するように、企業に訴訟を起こされるリスクがあります。例えば、イギリスでは労組がしばしば他の労組のストを支援するために、ピケを張ることがありましたが、こうした応援ピケは、アメリカであれば、民事罰、場合によっては刑事罰の対象になります。しかし、イギリスの労組は七〇年代までは、そうした法的制裁を受けずにすむように、法で守られていたのです。こうした法による労働運動の手厚い保護が、イギリスの労組の交渉力を強めた一因です。

労組が強すぎるため、経営者が職場の人員配置や仕事のやり方を変えようと思っても、労組の同意が得られなければできません。ましてや、イギリスのように、一つの会社に合意を得なければならない職種別組合がたくさんある場合には、なおさらです。これでは、企業は自由に設備に投資したり、新しい技術を導入したりできませんから、生産性を上げることもできません。

また、強い労組は企業の投資（設備投資や研究開発投資）から得られる利益を、賃金の引き上げによって自分たちのものにしてしまうこともできます。そうなると、投資の収益率が下がってしまいますから、企業は投資に消極的になってしまいます。

このようにして、強すぎる労組がイギリスの経済成長に悪影響を及ぼしていることは、ジャーナリストや経済評論家の間では常識でした。しかし、きちんとデータを示し、因果関係を科学的に証明しなければならない学会では、そうではなく、長い論争がありました。

しかし、サッチャー改革以後、データが揃うにつれて、労組を手厚く保護する法の下で形成された労使関係が、経営者の自由な創意と工夫の余地を狭めたため、イギリス経済はアメリカ経済にキャッチ・アップできず生産性の向上と経済成長に遅れをとったことが、科学的に実証されるようになりました。まさに、「勝手にやってください。政府は余計な干渉はしません」といって、経営者だけでなく、労働者の創意と工夫を最大限に引き出すことによって、高度成長を達成した日本とは大違いです。

†生産性の向上を遅らせたイギリスの教育制度

イギリスの生産性の向上を遅らせたもう一つの制度は、教育制度です。教育の目的には、①エリートを選び出し、彼らを訓練するというものと、②適切な教育を受けた人口を増やす、の二つがあります。イギリスは第一のエリートの養成に重点を置いてきたといえます。最近まで、大多数の人々は義務教育を終えると学校を離れ、男子の半分は徒弟、見習い工になり、残りの人は生涯ほとんど公式の教育も訓練も受けない、という状況でした。そのため、学校に規定の期間出席した以外は何も資格を持っていない人が多数を占めてきたのです。例えば、七五年の調査では、一六〜六九歳人口の七〇%は義務教育を受けた以外は、教育面でも職業面でも何の資格も持っていませんでした。

アメリカが開発した技術や経営手法が目の前にあっても、それらを使いこなすには能力が要ります。特に、高校、さらに大学といった高等教育は高度の技術や知識を吸収する上で不可欠です。そうした労働者がたくさんいてこそ経済は成長します。イギリスは長い間、教育においても職場においても、高度の技術や知識を吸収し、それらを使いこなせる能力の開発を可能にする制度の構築に失敗しました。それが、イギリスがキャッチ・アップに失敗し、長期にわたって停滞した二大原因の一つだと考えられます。

戦後のイギリスの経験は、生産性を引き上げ、それによって、豊かな生活水準を達成する上で、人々の自由な創意と工夫を尊重することが、いかに重要かを反面教師として物語っています。

戦後のイギリスの労使関係や教育が生産性の向上を妨げたため、イギリス経済は長期的に停滞したとする考えは、経済の供給と需要のうちの、供給を重視する考えですが、この考え方については、第二章と第七章で、ふたたび触れることにします。

ところで、すでに英国病という言葉を聞かなくなって久しくなります。それは英国病が克服されたからです。それでは、イギリスはどうやって英国病を克服したのでしょうか？　これについても、第五章と第七章でお話しすることにします。

この章では、競争的な市場は人々の自由な創意と工夫を最大限に引き出し、経済成長を促進することを述べてきました。しかし、物価や経済全体の雇用が安定（これを、マクロ経済の安定といいます）していなければ、人々の自由な創意と工夫は社会全体の生産性の向上や経済成長に結びつきません。次章では、高度成長後からバブルを経て「失われた一〇年」に至る日本経済の軌跡を追いますが、「失われた一〇年」の経験は、マクロ経済の安定化に失敗すると、いかに人々の自由な創意と工夫が社会全体の生産性の向上や経済成長に結びつかないかを、如実に物語る例です。

第二章 バブル景気から「失われた一〇年」へ

1　円高不況からバブル景気へ

†一年で円高不況を克服

「第一次石油ショック」後、日本経済の成長率は高度成長期の約一〇%から約四%（七五年から円高不況の前年の八五年まで）へと、六割も低下しました。しかし、この期間、変動相場制の下で円高基調が続いたにもかかわらず、日本の経常収支の黒字（以下、経常黒字）、中でも貿易収支の黒字（以下、貿易黒字）は、二度の石油ショックのとき以外は拡大し続けます。一方、「ニクソン・ショック」療法によるドル高の修正にもかかわらず、アメリカの経常収支の赤字（以下、経常赤字）は、減るどころか増え続けます。

アメリカは、自国の経常赤字が減らない原因を、変動相場制以後も、ドルが依然として他国通貨に比べて高すぎることに求めました。この考えに従って、八五（昭和六〇）年九月の先進五カ国蔵相会議（G5）で、ドル高是正に向けた合意（プラザ合意）が形成されます。この合意により、先進五カ国は外国為替市場でいっせいに「ドル売り、自国通貨買い」の協調介入を開始しました。

実際に、「プラザ合意」後、ドルは他の国の通貨に対して全面安になり、円は急激にドルに対して高くなり、八五年八月の二三七円（銀行間取引中心レート）から、八六年七月には一五四円へと、一年間で八三円も高くなりました。この急激な円高で、造船などの輸入と競合する企業は深刻な不況に陥り、輸出産業も採算割れに陥ります。その結果、八六年の経済成長率は前年の四・六％から二・九％へ下がります。円高不況の到来です。これだけの急速な円高ですから、輸出産業と輸入競争産業が受けた打撃は極めて大きく、日本経済は容易には立ち直れないだろうと思われました。ところがこの予想ははずれ、円高不況は一年で終わり、八七年から急速に回復し、八八年から九〇年にかけて、成長率は五％〜六％という八〇年代前半の三％台よりも二〜三パーセント・ポイントも高まります。いわゆる「バブル景気」です。

†バブル景気時代の日本経済

それでは、なぜ、日本は急激な円高による不況をたった一年で克服してしまったのでしょうか。その理由としては次のものが考えられます。

第一に、輸出産業が懸命の合理化努力を続け、競争力を維持したことがあげられます。

第二に、円高により、石油をはじめとする原材料価格が安くなったため、これらの資源を投入して生産する企業の収益が改善するとともに、輸入品を扱う卸売業や小売業も大いに潤いました。

輸出産業や輸入競争産業も円高はデメリットばかりでなく、生産のために必要な原材料やエネルギーが安くなるというメリットもあるのです。

第三に、公共投資の拡大を中心とする、財政面からの景気対策があげられます。

第四に、金融緩和政策により金利が引き下げられ、設備投資や住宅投資が刺激されました。

円高によって、海外旅行が急激に増え、ベンツなどの高級外車の輸入が増えます。円高のもとでのバブル景気を反映して、「ワンランク上」という言葉に象徴されるように、海外のブランド品や絨毯や絵画などの高級品が飛ぶように売れたのも、この時期の特徴です。

しかし、この時期の特徴はなんといっても、株式投機と土地投機が盛んになり、株価と地価が急激かつ大きく上昇し続けたことです。

†「ファンダメンタルズ」では説明がつかない株価と地価の上昇

この時期の株価と地価の急上昇は、「バブル」と呼ばれています。バブルがなぜ起きたかを知るには、株価や地価といった資産の価格がどのように決まるのかを知っておく必要があります。

これらの資産の価格は、「その資産から、将来得られると予想される利益が大きくなれば、高くなる」と考えられます。将来の利益は、株式の場合は配当、土地の場合は地代です。

将来得られると予想される配当が高くなれば、それだけその株式を持つことは有利になりますから、その株価は高くなるでしょう。

地代と地価の関係は分かりにくいかもしれませんので、説明しておきましょう。地代は土地を借りていない人は直接払ったことがないため、ピンとこないかもしれません。しかし、家賃の大部分は、土地を借りている分の支払いに相当する地代です。車を駐車することは一時的に土地を借りていることに他なりませんから、駐車料金のほとんども地代です。土地を借りているスーパーなどで買い物をすれば、その買い物代金の中に地代が含まれています。ファミリー・レストランなどでの食事代にも地代相当分が含まれています。私たちは、知らず知らずのうちに地代を支払っているのです。

右では、土地を借りているケースの地代について説明しましたが、実は、土地を借りていなくても、地代は発生しています。例えば、住宅を持っている人は、もしもその家を貸したら得られたはずの地代を自分で消費していると考えられます。つまり、このケースでも地代は発生しているのですが、発生した地代を土地の持ち主自身が使ってしまっているため、地代は見えなくなっているのです。「持ち家とは、地主という自分自身に、借地・借家人としての自分が地代を払って土地を借りて住んでいることに等しい」と考えると分かりやすいと思います。

同じように、土地を持ってスーパーを経営している場合も、その土地を貸したら得られたはずの地代を得る代わりに、その地代相当分を商品価格に上乗せしていると考えられます。仮に、スーパーが地代相当分を商品価格に上乗せできないなら、スーパーを止めて駐車場にでもして、駐車料金という名の地代を稼いだほうがましです。ですから、スーパーが地代を商品価格に上乗せできずに苦しんでいる時期を除けば、土地を持っているスーパーの場合も、私たちは買い物代金の中から地代を払っているのです。

こう考えると、私たちは地代を直接払っていなくても、さまざまな買い物の中で、実は、毎日のように地代を払っていることが分かるでしょう。それほど、地代の支払いは身近な現象です。結局、土地を持って、それを自分で使っている場合も、人に貸している場合も、地代が発生し、誰かがその地代を、土地を持っている人に払っているわけですから、地代は土地を持つことから得られる収入です。そうであれば、土地を持つことにより、将来得られると予想される地代が高くなれば、土地を持つことの価値を示す地価も高くなると考えられます。例えば、家賃のかなりの部分は地代ですから、将来家賃が高くなる主たる原因は、将来の地代が上がることです。ですから、将来、家賃が高くなると思えば、持ち家を持って高い家賃の支払いを節約したり（自分自身に高い家賃を払うといってもよい）、土地を買って住宅を建てて、人に貸したりすることが有利になります。そのため、土地を買う人が増えて、地価も高くなります。つまり、将来家賃が高くなると予想する人が増えると、土地を買う人が増えて、地価も高くなるということです。

株価や地価が高くなるもう一つの原因は、金利が下がることです。金利が下がれば、借金の金利負担が減りますから、借金して株式や土地を買うことが有利になります。預金金利や国債の金利が下がれば、今までに比べて、預金したり、国債を買ったりするよりも、株式や土地を買うほうが有利になります。このようにして、金利が下がると、株式や土地を買う人が増えて、株価や地価が上がります。

以上のように、将来得られると予想される配当や地代が高くなったり、金利が下がったりして、株価や地価が上がることを「ファンダメンタルズに基づく株価や地価の上昇」といいます。ここに、ファンダメンタルズ（基礎的条件）とは、金利や将来の配当や地代のことをいいます。

しかし、八七年頃から八九年にかけて、株価の上昇は年率二〇％から三〇％に、東京圏の商業地と住宅地の価格の上昇は五〇％から七〇％にも達しました。これだけの上昇は、当時の金利の低下などのファンダメンタルズの変化だけではなかなか説明できません。

†バブルとはファンダメンタルズ以外の要因で上がること

この時期の株価と地価の上昇をもたらした要因として、「上がったから、上がる」という要因が働いていたと考えられます。例えば、人々はファンダメンタルズに変化がなくても、今まで株価や地価が上がったから、今後も上がるだろうと予想することがあります。あるいは、ここまで下がったのだから、これからは上がると予想する場合もあるでしょう。いずれの場合も、今、株式や土地を買って、将来高くなったところで売れば大もうけできると期待されますから、今のうちに株式や土地を買っておこうとするでしょう。そういう人が多くなれば、株式や土地を買う人が増えるため、ファンダメンタルズは一つもよくなっていないのに、実際に、株価や地価は予想通り高くなります。これを「予想が自己実現した」といい、その結果起きる資産価格の上昇を、「自己実現型資産価格の上昇」といいます。

株式投資評論家などは、株価の罫線分析などを持ち出して、「この株はこれまでの株価の動きから見て今が底値だ。買うべし。二割の値上がりは期待できる」などとファンダメンタルズの変化とは関係なく、株式投資を推奨したりします。それを信じて少なからぬ数の投資家が株を買えば、実際にその株価は上がるでしょう。つまり、予想が自己実現するわけです。そうなれば、この株式投資評論家は「予想が当たった」と評価されますから、評判が高くなって、本人も鼻高々です。つまり、株式投資評論家の予想が当たるかどうかは、その評論家のファンダメンタルズを見通す能力ではなく、彼の予想を信用する投資家がどれだけいるかに依存しているわけです。

それに比べて、競馬の予想をする人は、しっかりファンダメンタルズを予想しなければ商売にならないという意味で、株式投資評論家とは違った条件に置かれています。競馬予想屋が馬と騎手のファンダメンタルズ（馬の走る能力と騎手の手綱捌きや駆け引きの能力など）に基づかずに、「あの馬はこれまで負け続けてきたから、そろそろ勝つ」などと株価の罫線分析のようなことをいうのを信じて、多くの人がその馬の勝ちに賭けても、その馬と騎手のファンダメンタルズがよくなければ、勝つ見込みはありません。競馬の場合は、予想は自己実現しないからです。

少し横道にそれましたが、いいたいことはこうです。もしも株式投資評論家のファンダメンタルズを見通す能力が優れており、かつ、株価が「ファンダメンタルズに基づいてだけで決まるならば」、彼は株価の予想を売ってお金を儲けるよりも、彼だけが知っているファンダメンタルズの変化に基づいて、株を買ったり売ったりしたほうが、はるかに巨富を築くことができるはずだということです。彼がそうせずに、株価の予想で稼ごうとするのは、「株価はファンダメンタルズだけでなく、多くの投資家が上がると思えば上がり、下がると思えば下がる」ことを知っているからです。このように、ファンダメンタルズ以外の要因で株価が上がることを「バブル」といいます。

右に述べたことは、そのまま、地価のバブルについても当てはまります。

ただし、バブルのきっかけは、たいていの場合、金利の大幅な低下のようなファンダメンタルズの変化です。八〇年代のバブルのきっかけも、金融の長期にわたる緩和による、長期的な低金利でした。金利が大幅に低下すると、株式や土地を買うことはそれだけ有利になりますから、それらを買う投資家が増えて、株価や地価は上がり始めます。このようにして、投資家にとってファンダメンタルズが改善すると、それを反映して、株価や地価が上がり始めます。そうすると、それ以上の金利の低下のようなファンダメンタルズの変化はないのに、「今まで上がったから、これからも上がり続けるだろう」という予想が生まれ、今度はその予想の自己実現が繰り返されて、株価や地価の累積的な上昇が始まります。これがバブルです。

八七（昭和六二）年から八九年（平成元年）にかけてのバブル時代は、株価は多少下がることはあっても、すぐに上昇に転じましたから、株で儲けたという成功談が多くなります。何度も成功談を聞かされているうちに、それまで株にまったく興味がなかった人の中にも、低金利の預金などしているのは馬鹿らしくなり、株に投資してみようという人が増えます。当時、私の大学のゼミ生の中にも、アルバイトで稼いだお金で株式投資信託を買い始めた者もいましたし、一部の大学院生は、奨学金を株式投資につぎ込んだくらいです。

いったん始まったバブルは、しばらくの間、「上がったから、上がる」という自己実現を続けますが、いつかは、投資家の予想が、「いつまでも、上がり続けるものだろうか」というように、今までの強気から弱気に変わります。この予想の強気から弱気への変化も、多くの場合、金利の引き上げのようなファンダメンタルズの悪化をきっかけにしています。九〇年代に入ってからのバブル崩壊も、八九年五月からの三回にわたる金利引き上げという、金融引締政策への転換がきっかけでした。

この予想の弱気化により、少なからぬ投資家が株や土地を売り始めると、実際に株価や地価は下がり始めます。そうなると、今度は、「下がったから、これからも下がるだろう」という弱気の予想が実現し始め、文字通り、膨らんだシャボン玉が破裂するように、バブルは崩壊します。実際に、株価バブルも地価バブルも九〇年代に入って崩壊が始まります。

さて、実際の株価と地価には常にこのようなバブルの部分が存在していると考えられます。それでも、株価や地価のうちバブルの部分が小さい限りは、問題はありません。しかし、株価や地価のうちバブルの部分が多くなるにつれて問題が生じます。それは、バブルの破裂の実体経済に及ぼす影響は、膨らんだバブルが大きければ大きいほど、大きくなるからです。その理由はこの章の2節で説明することにして、なぜバブルが起きたのかを、バブル崩壊の影響が株価バブルよりもはるかに大きかったと考えられる、地価バブルを中心にみておきましょう。

†値上がりを期待して、借金して株式や土地を買う

八〇年代後半のバブル期には、金融緩和政策が長く続いたため、低金利が維持されました。そのため、低い金利で借金して、株式や土地を買ったり、地主が借金して建物を建てたりすることが盛んになりました。特に、不動産業、建設業、流通業は土地が絡むため、多くの企業が巨額な借金をして土地を買うという、借金を伴った土地投機が横行しました。土地が大きく値上がりすれば、借金なぞ簡単に返せると思ったからです。それでは、なぜ、土地の大きな値上がり期待が

生まれたのでしょうか。

八〇年代初めに、東京の国際金融都市への期待が急速に高まり、外資系金融機関の支店開設なども増え、事務所が大幅に不足すると予想されました。例えば、国土庁（『首都圏改造計画――多角型連合都市圏の構築に向けて』首都圏整備協会、一九八五年）は、当時、東京のオフィス需要について、二〇〇〇年までに「超高層ビル二五〇棟分が必要になる」という予測を発表しています。この予測が東京圏の大幅な土地の値上がり予想と土地需要を生み、銀行はその予測を根拠に東京を中心に不動産を担保とする融資を拡大しました。そのため、八五年から九〇年代初めにかけて、製造業に対する銀行の貸出残高は減っているのに、不動産と建設への貸出は急増しました。

この時期に巨額な不動産融資を受けた企業の中には、九五年当時、住専問題（住宅金融専門会社の不良債権問題）で有名になった、富士住建とか末野興産など、それまで聞いたこともないような中小不動産企業が少なくありませんでした。こうした中小不動産企業に銀行だけでなく、住宅金融専門会社（住専）やノンバンクも銀行からお金を借りて、土地を担保にどんどん貸し込んでいったのです。それは、銀行や住専やノンバンクが土地の値上がりは確実であると予想して、土地を担保にとっておきさえすれば、返済は確実だと信じ込んだからでした。ですから、バブルが崩壊すると、貸出が焦げ付き、大手行をはじめとする銀行は巨額の債権放棄（借金の棒引き）に追い込まれ、それでも足りず、税金が投入されることになります。

不動産、建設、ノンバンクの三業種への貸出が増え続けたメカニズムはこうです。銀行とノンバンクによる不動産と建設に対する土地担保貸出の増加は、土地需要を高めますから、地価を引き上げます。この地価の上昇によって土地の担保価値は高まります。そこで、銀行とノンバンクは価値の高い担保があるので、安心してさらに土地担保貸出を増やしますから、それがふたたび地価を引き上げます。このようにして土地担保貸出の増加が地価を引き上げ、それがさらに土地担保貸出を増やし、この土地担保貸出の増加がさらに地価を引き上げるという、ファンダメンタルズに基づかない累積的な地価の上昇が発生しました。つまり、地価バブルの発生です。

他方、地域銀行は当時も今も中小企業金融をその業務の中心にしています。そのため、大手行の不動産業や建設業などを中心とする中小企業金融への進出によって大きな影響を受けました。中でも影響が大きかったのは、地方銀行や信用金庫に比べて融資基盤の脆弱な第二地方銀行と信用組合でした。これらの銀行も土地を担保とする不動産融資に大きく傾斜し、大手行と同じようにバブル崩壊後、大量の不良債権を抱えることになります。九〇年代に多発した銀行破綻において、預金保険機構による資金援助を受けた銀行に信用組合や第二地方銀行が多かったのは、このような事情によります。

†日米経済摩擦と「生活大国」の夢

バブル期に、東京圏や大阪圏のような大都市圏以外のリゾート地では、「生活大国」への夢が膨らみ、ゴルフ場、テーマパーク、ホテル、リゾート・マンションなどの開発が盛んになりました。「生活大国」への夢が膨らんだのは次のような事情によります。

八五年の「プラザ合意」以後の急速な円高にもかかわらず、日本の貿易黒字と経常黒字は減るどころか、八六年から八八年にかけては、八五年よりも増えてしまいました。そのため、輸入拡大を求めるアメリカとの間で、日米経済摩擦が激化しました。

アメリカやヨーロッパ主要国では、「日本人はウサギ小屋に住んで、長時間、働き蜂のように働いて、輸出ばかりして、ひとつも輸入しようとしない」という非難が高まります。この非難を受けて、日本でも、外需（輸出のこと）に頼らない、内需型の成長を目指すべきだという声が高まります。この考えにそって内需型成長によって経常黒字や貿易黒字を減らそうとしたのが、当時、政府に答申された「前川レポート」（中曽根康弘首相〔当時〕の私的諮問機関「国際協調のための経済構造調整研究会」が、八六年〔昭和六一〕四月七日に発表した報告書。座長を務めた元日銀総裁の前川春雄氏の名前をとって前川レポートと呼ばれる）です。

新聞などのメディアも、「経済大国」から「生活大国」へのスローガンを掲げて、これからは日本人も働いてばかりいずに、有給休暇をきちんと消化して、もっとレジャーを楽しもう、そうすれば消費（内需の構成要素のひとつ）が拡大すると主張するようになります。今でもそうですが、日本人の旅行は一泊二日程度が主流で、欧米のように二週間とか一カ月といった長期休暇をとることはまれです。「生活大国」のスローガンは、「これからは日本人も長期滞在型の旅行を楽しまなければならない」といいます。そうなれば、リゾート地では、ホテルやリゾート・マンションやゴルフ場などの需要が大幅に増え、テーマパークに来る人も大幅に増えるでしょう。

しかし、日本国内での滞在型レジャーは二〇〇〇年代に入っても、実現していません。「プラザ合意」後実現したレジャー形態は、円高による海外旅行の急激な増加とその定着でした。私の学生の頃までは、海外旅行など夢のまた夢でしたが、いまや、海外旅行をしたことがない人は少数派でしょう。

かくて、滞在型を当て込んだリゾート開発はことごとく失敗し、九〇年代に入って、不良債権の山を築くことになります。

ところで、少し横道にそれますが、経済を理解する上で大事なことですので、ここで、貿易収支が黒字であるとか赤字であるとかの意味を説明しておきましょう。

右で述べた日米経済摩擦が激しかった当時、「巨額な貿易黒字を築くのは、マージャンで勝ってばかりいるようなもので、それでは仲間はずれになって、誰もマージャンに誘ってくれなくなる」という比喩を用いて、貿易黒字を減らすべきだと主張する議論がありました。これは「貿易黒字とは国際競争に勝った結果である」という考えに基づいています。ここから、経済摩擦が起こらない限り、「貿易黒字は善で、貿易赤字は悪だ」という考えが生まれます。

しかし、一国の貿易収支が赤字になるのは、その国が自国の生産能力以上に消費や設備投資や財政支出を増やすからであって、その国の経済が弱いからではありません。消費や設備投資や財政支出の合計は一国の内需（モノやサービスに対する国内の需要）です。一国の内需がその国の生産能力を超えていれば、その国はたとえ国内に強い企業がたくさん存在したとしても、その超えた分を輸入によって賄わなければなりません。そのため、貿易収支は赤字になります。

逆に、六〇年代の半ば以降、二度の石油ショックの時期を除いて、日本が貿易黒字を続けているのは、日本の内需が日本の生産能力を下回り続けてきたからです。しかし今後高齢化が進むにつれて、日本も内需が生産能力を超え始める可能性があります。そうなると、日本の貿易収支は赤字になります。しかし、それは日本経済が弱くなったことを意味しません。日本にどんなに強い企業がたくさん存在したとしても、内需が日本の生産だけで賄えなくなれば、輸入を増やすしかなくなるからです。

†流通業の命運を分けたもの

ここで、話をバブル崩壊に戻しましょう。バブル崩壊で苦しんだ企業には、スーパーなどの流通業者が少なくありませんでした。流通業の営業形態には、土地と店舗を買って営業するものと、土地と店舗を借りて営業するものとがあります。どちらの形態が有利かは、土地や店舗が値上がりするかどうかによります。土地と店舗の購入を選ぶ場合には、自己資金では足りず、借金をして土地と建物を買うのが普通です。土地が値上がりすれば、たとえ営業成績が悪くても、店じまいして、土地を売って、そのお金で借金を返すことができます。土地の値上がりが大きければ、借金を返した後でも、お金が残り、それを次の土地と建物の購入に当てることができます。スーパーのダイエーはこの手法で、店舗を拡大してきた企業でした。ですから、土地の大幅な値上がりが続いたバブル時代は、ダイエー商法が正解で、同企業は大きく成長を続けました。

ところが、バブルが崩壊すると、不採算店舗を閉めて土地を売っても、土地が値下がりしているため、借金が返せなくなってしまいました。結果は、返しても返しても、返しきれない膨大な借金の山です。

一方、イトーヨーカ堂のように、土地と店舗を借りて営業することを原則とする企業は、土地の値上がりから利益を得ることもできませんが、土地の値下がりによって、損失を被ることもありませんし、借金して土地を買っているわけでないので、借金の返済に苦しむこともありません。

バブル崩壊後、ダイエーは借金の棒引きなどの支援を受けながら、企業再生に苦しんでいますが、イトーヨーカ堂は業界一位の地位を保ち続けています。両者の間にはマーケティング手法の巧拙などの違いもあると思いますが、これほどまで両者の明暗を分けたのは、以上のような土地にかかわる経営形態の違いであると考えられます。

†経営原則を大きく踏み外した銀行

しかし、土地は必ず値上がりするという「土地神話」を信じ切って、お金を借りたほうも借りたほうですが、貸したほうも貸したほうです。いったい、当時、銀行に何が起きたのでしょうか。

バブル期の銀行も地価は永遠に上がり続けるという「土地神話」を信じ切って、その経営原則を大きく踏み外してまで、不動産融資に邁進しました。例えば、八〇年代の終わりから九〇年代初頭にかけて、銀行は有力銀行を先頭に、それまで、重要な位置を占めていた融資審査部門を格下げし、逆に、融資拡大を目指す営業部門を格上げするという機構改革を積極的に進めました。このような機構改革を積極的に取り入れた銀行ほど、バブル崩壊後に大量の不良債権を抱えて苦しむことになります。逆に、この機構改革に躊躇したり、遅れをとったりした銀行はバブル崩壊の傷が浅くてすみ、明暗が分かれます。遅れをとることにもいいことがあるよい例です。

さて、およそお金を貸すことには、だまされる危険が伴います。ですから、銀行は貸し出すときには、借り手の信用を慎重に審査しなければなりません。ところが、右のように融資審査部門を格下げして営業部門を格上げしたのですから、そういう銀行は自らお金を返してもらえないリスクを高めるという無謀な経営に走ってしまったことになります。

確かに、たとえ銀行が借り手の信用状態を十分に審査しても、返してもらえない確率をゼロにすることはできません。どんなに優良な借り手に貸したとしても、経済状況が悪くなれば、優良な借り手でも、利払いや返済が困難になるリスクが存在します。ですから、銀行は借り手の信用だけでなく、借り手を取り囲む将来の経済状況一般をも予測して、貸し出さなければなりません。それでも、貸出金の回収ができないという貸倒れのリスクはなくならないでしょう。

こうした、銀行の努力にもかかわらずなくならない貸倒れのリスクは、貸出先を分散させることによって小さくすることができます。これは、「卵を一つのバスケットに入れない」という「リスク分散の法則」です。卵を一つのバスケットに入れれば、バスケットを落としたときに卵はすべて割れてしまいます。二つのバスケットあるいはそれ以上のバスケットに分けて卵を入れれば、一つのバスケットを落としても、他のバスケットに入った卵は割れずにすみます。

貸出も同じで、一つの企業に集中して貸し出せば、その企業が倒産した場合には貸出金はすべて回収できなくなってしまいます。しかし、同じ金額をいくつかの企業に分散して貸し出せば、一つの企業が倒産して貸倒れになっても、他の企業の貸出金は回収することができます。

ですから、銀行にとって審査と貸出の分散は経営の基本原則です。銀行はこうした審査と貸出の分散とによって、貸倒れのリスク（利払いや返済が滞るリスク）や金利リスク（金利の変動による利益変動のこと）などのリスクを大幅に引き下げることができます。またそうだからこそ、安全な預金という金融資産を私たちに提供できるのです。

この銀行の経営上の基本原則からすれば、八〇年代後半から九〇年代初めにかけて審査部門を営業部門よりも格下げするとともに、貸出を不動産融資に集中させて「分散貸出」の原則を守らなかったことは、銀行経営が本来の金融仲介機能から大きく逸脱してしまったことを示しています。

†銀行はなぜ貸出を急拡大させたのか

それでは、なぜバブル期に、多くの銀行は不動産業や建設業などの非製造業への貸出を急拡大させたのでしょうか。その最大の要因は企業金融構造の変化にあると考えられます。

第一章で述べましたが、七三年の第一次石油ショック後、国内総生産の成長率が鈍化しました。その原因は、キャッチ・アップ効果の低下や「逆構造改革」（三四ページ参照）によって、法人企業の設備投資が減ったことです。設備投資が減れば、そのための借金も減ります。この傾向は大企業ではいっそう顕著でした。八〇年代前半には、主要企業の内部資金（減価償却費や配当しなかった利益から構成される資金です）による資金調達は五五％に達し、逆に、七〇年代の中頃から借入金の割合は急激に低下し始め、八〇年代前半には一六％にまで低下しました。この借入金比率の低下はその後も続き、九〇年代前半にはとうとう五％にまで低下してしまいます。

これは、銀行、中でも大手行（都市銀行、長期信用銀行、信託銀行）の主要な貸出先だった大企業が、銀行からの借入金を大幅に減らし、銀行離れしたことを示しています。大企業は安全な貸出先でしたから、大手行は良質な借り手を失ったわけです。

ところが、銀行は日本型雇用慣行（第三章1節参照）を維持しようとして、それまでと同じように貸出を伸ばそうとしました。雇用を維持するためには、貸出の増加を通じた規模の拡大とそれによる仕事量の確保が必要だったのです。大企業が銀行からの借入金を大幅に減らしたため、大手行は中小企業金融と消費者金融（住宅ローンなど）に活路を見出そうとして、これらの分野への貸出を急増させました。製造業は八五年半ばからの急速な円高に対応するため、リストラを進めていましたから、中小企業貸出の中心は不動産、建設、流通などの非製造業でした。

このように、当時、銀行は企業の借入金需要が減少していたにもかかわらず、規模拡大のために、銀行本来の金融仲介機能を逸脱してまで、不動産融資を中心とする危険な貸出に走ってしまいました。銀行にそうした行動をとることを可能にした要因として、次の三つがあげられます。

第一は、当時、金融自由化が徐々に進められていたとはいえ、銀行は依然として、預金金利規制などの競争を制限する規制によって、厳しい競争、特に、国際競争から保護されていたことです。そのため、銀行は低成長下に入っても、国際競争にさらされていた製造業のようにリストラを迫られることもなく、貸出競争を通じて規模の拡大を図って、利益を追求しようとしたのです。

第二は、銀行は大蔵省金融当局の「一行たりともつぶさない」という護送船団行政（一五八ページ参照）です。この行政の下に、銀行は倒産することはあり得ないと確信し、リスク管理を怠ったまま、貸出競争に走りました。護送船団行政に象徴される手厚いセーフティー・ネット（安全網）の下で、銀行はそれがなかった場合よりも危険な貸出に走ってしまったのです。

第三は、八〇年代半ば以降の長期にわたる金融緩和が、銀行の土地担保融資の大幅な拡大を可能にしたことです。

†金融自由化は貸出にどう影響したか

バブル期に銀行が貸出を急拡大させたのは、金融自由化のせいであるという主張があります。銀行は預金金利規制などによって、競争から保護されてきましたが、金融自由化で預金金利の自由化が進むと、預金を中心とする資金調達の金利が上昇するため、銀行の利益は減少します。銀行はこの利益の減少を補おうとして、貸倒れのリスクは大きいが、高い金利で貸せる不動産業などへの貸出を増やそうとしたと考えられます。これが、金融自由化によるリスクの大きな貸出の急拡大説です。

それでは、日本の金融自由化は八〇年代にどの程度まで進められていたのでしょうか。この時期の金融自由化としては、八〇年代の初めの外国為替管理法の改正と八〇年代半ばの起債規制の緩和があげられます。これらの措置により、外債による資金調達が自由化されるとともに、国内での転換社債や新株引き受け権付き社債の発行も自由化されました。これらの金融自由化によって、八五年から八九年にかけて、主要企業の社債発行による資金調達比率は、八〇年代初めの八・五%から一七・四%に上昇しました。これは大企業の銀行離れの一端を示しています。

確かに、右の金融自由化は長期信用銀行の経営に大きな影響を及ぼしたといえるでしょう。長期信用銀行は金融債を発行して資金を集めて、それを企業に長期で貸し出す銀行です。右のように、長期の資金調達手段である社債発行が自由化されたため、大企業は国内外で社債発行によって長期資金を調達するようになりましたから、長期信用銀行は優良な借り手である大企業を失うことになりました。そこで、日本長期信用銀行は不慣れな不動産融資にのめり込んでいきます。日本債券信用銀行はもともと不動産融資を得意としていましたが、それも行き過ぎてしまいます。そのため、バブル崩壊後、これら二つの長期信用銀行は大量の不良債権を抱えて、経営が破綻し、とうとう九八年末に、ともに国有化されてしまいます。

このように、金融自由化の影響は長期信用銀行に対しては大きかったと考えられます。しかし、八〇年代を通してみれば、内部資金比率の上昇と株式市場の活況を背景とする株式発行の増大の

ほうが、大企業の銀行離れの要因としては大きかったといえるでしょう

一方、日本における預金金利の自由化は、七九年の譲渡性定期預金（ＣＤ）の導入で始まりますが、定期預金の預金金利が完全に自由化されるのはようやく九三年になってからです。いかに金利自由化がゆっくりと進められてきたかが分かります。

このように、金利自由化は漸進的なものでしたから、それが銀行の利益の低下に及ぼした影響は、八〇年代にはそれほど大きなものではなかったとは考えられます。

八〇年代半ば以降に、日本の銀行が不動産融資に過度に傾斜して、貸出を急増させた原因としては、企業金融構造の変化を重視する立場と金融自由化の影響を重視する立場とがありますが、著者は右に述べた理由から、次のように考えます。

日本における金融自由化も米国等と同様に銀行の利益を低下させ、銀行に不動産融資のような比較的リスクの大きな貸出を増やした要因の一つだったと考えられます。しかし、日本の金融自由化は九〇年代まではそれほど進んではいなかったことを考慮すると、金融自由化がリスクの大きな貸出を促した程度は、大企業の銀行離れという企業金融構造の変化に比べれば小さかったと考えます。

†不徹底な金融自由化の貸出に及ぼす影響

金融自由化とリスクの大きい貸出増加の関係については、むしろ、金融自由化が不完全で、基本的に、大蔵省の「一行たりともつぶさない」という護送船団行政が続いたために、銀行は倒産することはあり得ないと確信し、リスク管理を怠ったまま、貸出競争に走ったことが巨額の不良債権を生んだ原因といえるでしょう。

右で述べましたが、八〇年代には、大企業の銀行離れにより、銀行にとって収益源としての貸出の価値は大幅に低下していました。この場合には、護送船団行政を続けて銀行の業務を規制するよりも、銀行に社債の発行業務（企業の社債発行に対するアドバイスや発行にかかわる手続き業務）や投資信託、生命保険などの販売を可能にするような、徹底した金融自由化が必要になります。これによって、優良な借り手を失った銀行が無謀な貸出に走ることなく、手数料を稼げる機会が広がり、経営の安定化が図れるからです。

もちろん、金融自由化により競争が強まれば、破綻する銀行も増えるでしょう。しかし、それは効率的な銀行産業を作るためのコストです。その場合には、不健全な銀行の破綻が健全な銀行の破綻を引き起こさないように、不健全銀行を公的に破綻処理したり、一時的に国有化したりして、早期に不健全銀行を市場から隔離する措置が必要です。したがって、銀行業、証券業、保険業などの効率化と金融システムの安定化とを同時に達成するためには、徹底した金融自由化を進めると同時に、不健全銀行の早期処理制度を整備する必要があります。ところが、日本は不健全銀行の早期処理制度を整備しないまま、護送船団行政の下で、ゆっくりと金融自由化を進めました。そうした状況に、デフレを呼び込むような金融政策が加われば、大量の不良債権が生み出されるのも当然といえるでしょう。そこで、次節では、金融政策に注目しながら、バブル崩壊と不良債権が大量に生み出されていく過程を見てみましょう。

2 バブルの崩壊と「失われた一〇年」

九〇年代に入って、バブルが崩壊すると、日本経済は景気後退に陥り、以後、何度か浮上するものの、平均すると一%程度の成長が一〇年以上も続きます。そこで、この節では、バブルの崩壊が経済成長などに及ぼした影響を検討しながら、なぜ、一〇年以上も経済停滞が続いたのかを検討しましょう。

†バブル崩壊で不良債権が急増

土地担保貸出の増加は地価が上昇する限り持続可能です。しかし、日本銀行は八九年五月に金融引締政策に転換し、それ以降も、金利を何回かに分けて引き上げます。この金利引き上げにより、九〇年初頭から、株価の暴落が始まります。それにやや遅れて、地価バブルも崩壊します。

バブル景気から一転、長期停滞へ

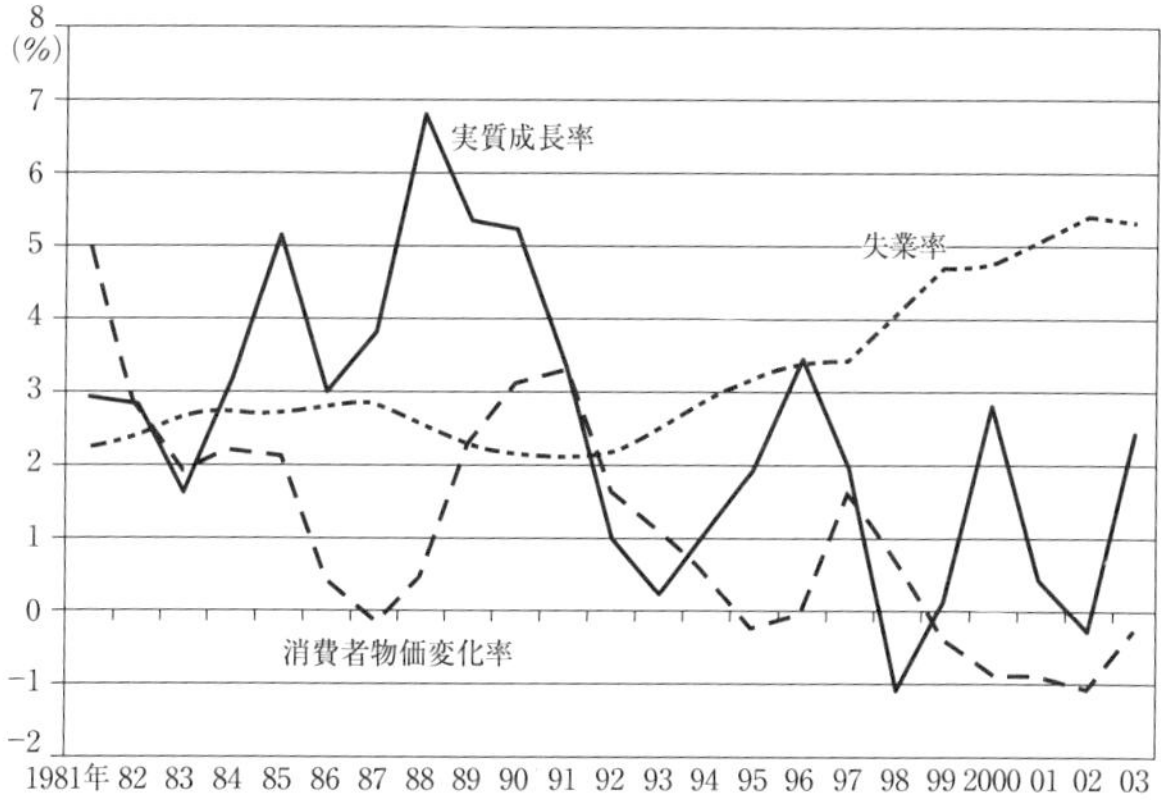

（注）89年と97年の消費者物価はそれぞれ消費税導入と消費税増税により上昇率が高くなっている。

（出所）総務省、内閣府のホームページ

地価はその後も〇四年現在に至るまで、一部地域を除いて低下し続けています。

地価バブルが崩壊しても、借り手が収入の中から利子を支払い、元本を返済できれば、貸した銀行は貸出金を回収できますから、回収できない貸出金、すなわち、不良債権にはなりません。しかしバブル崩壊後、不動産企業が投資した商業ビルやマンションの売行きは大幅に悪化し、賃貸商業ビルの空室率は大幅に上昇し、それに伴って家賃は大幅に低下しました。そのため、不動産企業の中には、銀行からの借金を返せないものが続出しました。

前節で述べましたが、バブル期の円高の中で、建設、不動産、ホテル業界などは、「これからはレジャーを楽しむ生活大国だ」という掛け声の下に、リゾート地やゴルフ場を次々に開発しましたが、バブルが崩壊してみると、高級リゾートホテルには客が集まらず、ゴルフの会員権も売れなくなってしまいました。例えば、九七年一一月に破綻した北海道拓殖銀行は、「これから北海道はリゾート地として発展する」という期待の下に、ホテルなどへのリゾート開発融資を拡大させて、失敗します。

バブル期には、建設業はそれまでのように地主からの建設注文を受け身で待つのではなく、地主に積極的に開発案件を提案し、建設を受注するようになりました。これは当時「造注」と呼ばれました。地主は開発にあたって銀行から借金するのが普通ですが、建設業者はその地主の債務を保証するというアメを地主に持ちかけて、建設を受注しようとしたのです。この債務保証がバブル崩壊後建設業を苦しめることになります。地主が返せなくなった借金を肩代わりしなければならなくなったからです。しかし、建設業にはすべての借金の肩代わりをするだけの力はありませんから、結局は、銀行の不良債権になってしまいます。

銀行はノンバンクにも大量に貸し出しましたが、そのノンバンクも貸したお金を回収できなくなったため、銀行に借金を返済できなくなり、同じく銀行の不良債権になってしまいました。

†債務デフレによる不況

バブル期には、建設、不動産、ノン・バンク、流通などの非製造業の借金が急増しました。バブルが崩壊し、景気が悪くなる中で、そうした巨額の借金を抱えた企業が借金を返済しようとすると、次のような債務デフレが起きます。

第一に、企業は借金を返すためには、売上げを増やさなくてはなりません。景気が悪くなり始めているときに、どの借り手企業も借金を返すために、売上高を伸ばそうとすれば、供給過剰から、企業が売るモノやサービス（以下、モノと略す）の価格は低下します。その結果、すべてのモノの平均的な価格である物価も低下します。この物価の低下をデフレーション、略してデフレといいます。

このようにして、デフレになると、モノの価格は低下し続けますから、今までのようにモノを売ったのでは、売上げは増えません。売上げが増えなければ、借金の利払いも返済も困難になります。そのため、企業は借金を返すために、これまで以上に多くモノを売らなければならなくなります。どの企業もそうすれば、さらにモノの価格は下がって、ますます借金を返済できなくなってしまいます。借金が返せなければ、最終的には、倒産せざるを得ませんが、これは、貸し手の銀行からみれば、不良債権が増えるということです。

第二に、バブルの崩壊で、地価と株価は暴落しました。これを資産価格が下がり続けるという意味で、資産デフレといいます。資産デフレのもとで、どの借り手企業も借金の返済のために、持っている土地や株式を売ろうとすれば、ますます地価と株価は下がって、一層の資産デフレになり、ますます借金が返せなくなり、中には、力尽きて、倒産する企業も発生します。

このように、借金の返済を原因として、デフレ（物価の持続的下落）と資産デフレがスパイラル的に悪化することを、債務デフレといいます。

債務デフレのもとでは、企業は借金の返済で手一杯ですから、さらに返済できなくなるリスクを冒してでも、設備投資のために借金をしようとはしなくなります。

第一章1節で説明しましたが、企業の設備投資が減れば、消費も減って、ますますモノが売れなくなり、需要不足から、デフレ・ギャップが拡大して、景気は悪くなります。

このような状況では、貸し手の銀行も不良債権が増えるのを恐れて、貸出を減らそうとします。そうなると、銀行の貸出に頼る中小企業は日々の資金繰りにも困って、設備投資どころではなくなります。これが、景気の悪化に拍車をかけます。しかし、日本ではこの経路で景気が悪くなる効果はほとんどありませんでした。というのは、九七年頃までは、日本の銀行は不良債権が明るみに出るのを恐れて、貸出先の不良企業が倒産しないように、貸し続けましたから、貸出は増えたくらいです。銀行の貸出が減り始めるのは九八年頃からです。しかし、企業は中小企業も含めて九五年頃から金余りで、銀行から借り入れなくても設備投資をまかなえる状態でしたから、銀行貸出の減少による景気後退というメカニズムは、当時の日本経済では働いていなかったと考えられます。この点の詳細は、第七章1節でふたたび取り上げることにして、先を急ぎましょう。

さて、債務デフレのもとでは、企業の資産は土地や株価などの低下によって減るのに、負債

（借金）は貸し手が借金を棒引きにしてくれない限り減りません。資産と負債の構成を示す貸借対照表をバランス・シートといいます。企業や家計のバランス・シートの資産から負債を引いたものを正味資産といいます。この正味資産が減ることをバランス・シートの悪化といいます。

債務デフレは、資産価格の下落、すなわち、資産デフレとモノの平均的価格の下落、すなわち、デフレを伴います。この債務デフレによる不況のもとでは、バランス・シートは悪化します。そこで、債務デフレによる不況はバランス・シート不況とも呼ばれます。九二年からの長期の経済停滞の特徴は、債務デフレ不況＝バランス・シート不況です。

†金融政策がもたらしたデフレ

それではなぜ、日本経済は九〇年代以降、債務デフレのワナにはまってしまい、長期にわたって抜け出せなかったのでしょうか。

まず、日本がいつからデフレになったかをみておきましょう。それはどの物価指数で判断するかによって異なります。国内企業物価（企業間で取引されるモノとサービスの平均的価格）でみれば、九一年後半以降（〇〇年後半の原油価格上昇による物価上昇期を除きます）〇四年一月まで下落し続けました。国民経済全体の物価動向を表すGDPデフレーターは九四年の第三・四半期以降下落し始め、〇四年現在も下落が続いています。一方、消費者物価（消費者が購入するモノやサービスの平均的価格）でみると、九八年以降、〇四年一〇月現在まで、デフレが続いています。

さて、物価や株価や地価に大きな影響を及ぼすのは、金融政策です。そこで、バブル期後半からの日本銀行の金融政策をみておきましょう。

日銀は八九年五月末に、インフレを警戒して、それまでの金融緩和政策から金融引締政策に転換しました。すでに説明しましたが、金融引締政策とは金利を引き上げたり、市中に出回るお金の量を減らしたりする政策をいいます。しかし、八九年五月末で日銀が入手できたデータは、せいぜい八九年三月以前だと考えられますが、その当時インフレ率は一％以下で安定していました。

八九年一二月中旬に澄田智氏に代わって日銀総裁となった三重野康氏は、総裁に就任すると、さらに金融を引き締め、金利を引き上げました。三重野総裁の念頭にあったのは、円安と地価高騰で、「円がズルズル安くなるということは、私にはやはり理解できない」とか、今回の引き締めは「もちろん地価を抑制するために取った措置ではありませんが、市中貸出金利の上昇は土地騰貴を抑えることに何がしかの効果があるということは意識してやったわけであります」（「日経金融新聞」一九九〇年三月二九日朝刊）と述べています。

当時は、株式についてはすでにバブルの崩壊が始まっていましたが、地価は首都圏の地価高騰が地方にも波及し、それがふたたび首都圏に跳ね返ってくるという状況でした。そのため、「地価高騰を抑えよ」という世論が強く、マスメディアも、金融を引き締める三重野日銀総裁を「平成の鬼平」と称え上げたものです。鬼平とは池波正太郎の小説「鬼平犯科帳」の主人公で、火付け盗賊改方の長官・長谷川平蔵、人呼んで「鬼の平蔵」、略して「鬼平」のことです。土地バブルを退治してくれる三重野日銀総裁はまさしく悪を退治する「平成の鬼平」だというわけです。

金融引締政策によって、株価は九〇年初めから暴落し始めます。それにやや遅れて、地価も九一年半ば頃から低下に転じます。金融引締政策で金利が上がれば、借金して株式や土地を買うことは不利になりますから、それらの買い手が減ります。株式や土地の値上がりを期待して持っていた人や企業は、借金の負担に耐えかねて、株式や土地を売って借金を返そうとします。その結果、株価と土地の下落、すなわち、資産デフレが始まったわけです。

八九年五月末の金融引締政策への転換以後も、しばらくは景気拡大が続きましたが、九〇年の株式バブル崩壊によって、景気拡大の力も弱まり、景気はついに九一年二月にピークを打ち、以後、急速に悪化します。

しかし、バブル崩壊の景気に及ぼす影響を、当初、日銀も政府も甘く見ていました。三重野日銀総裁は九一年二月の記者会見で、産業界の一部に出てきた引き締め継続によるオーバーキル（景気の引き締めすぎ）への不安に対して、「まだまだそのような状況にはない」と強調しています。

当時の『経済白書』（九一年版と九二年版）も、株価や地価の暴落が景気に及ぼす効果は小さいと分析しています。それは、株価や地価が暴落しても消費や設備投資はそれほど影響を受けないと考えたからです。しかし、実際はそうではありませんでした。

日銀と政府がバブル崩壊の影響を見誤ったのは、バブル崩壊によって資産価値は下がりますが、借金の負担は貸し手が借金を棒引きにしてくれない限り残ることを見逃したからです。すなわち、債務デフレの怖さや資産デフレがデフレをもたらすというメカニズムを理解していなかったのです。

それでは物価はどうだったでしょうか。九〇年の後半から九一年の半ば頃までは、消費者物価の上昇率はそれまでの二％程度から三％台に上昇しました。このように、金融引締政策がとられたにもかかわらず、消費者物価上昇率が高まった原因としては、九〇年のイラクのクウェート侵攻から湾岸戦争終結前後まで、原油価格が高騰したことがあげられるでしょう。

しかし、原油価格は九一年半ば頃から低下に転じます。さらに、金融引締政策によってもたらされた資産デフレと金利上昇の需要抑制効果が効き始めたため、消費者物価上昇率は九一年の半ば頃から低下し始めます。このように、デフレにまではなりませんが、インフレ率が低下することをディスインフレといいます。

一方、国民経済全体の物価動向を表すＧＤＰデフレーターも九二年からはっきりとディスインフレの様相を呈し始め、九四年第三・四半期以降は、一時期を除いて下落、すなわちデフレが続いています。

次々に打たれた経済政策

日銀は九一（平成三）年七月に、金融緩和政策に転換しました。政府も九二年八月の総合経済対策以降、次々に景気対策を打ちました。その効果があって、九三年一〇月を底に景気は拡大し始めました。この拡大は九七年五月まで続きますから、拡張期間は四三カ月も続き、バブル景気の五一カ月に次ぐ長期のものでした。しかし読者の皆さんは、この時期に日本経済が拡大したという実感を持っていないと思います。それは、景気拡大といっても、九六年に実質国内総生産が三・四％で増えた以外は、一％台の成長だったからです。つまり、景気拡大といいながら低空飛行が続いたのです。

景気が回復しても、家計も企業も金融機関もすべてバランス・シートが傷み、日本経済の体質は極めて脆弱でした。そのため、政府や日銀が景気対策やデフレ対策の手綱を少しでも緩めると、たちまち景気が悪くなってしまいます。その典型が、九七年度の経済政策でした。

九七年四月から、消費税の税率は三％から五％に引き上げられました。それまでの二兆円の特別所得減税も打ち切られ、医療保険制度の改革によって、医療費負担が二兆円程度引き上げられました。これらは合わせて九兆円の国民負担増加になります。九七年度は公共投資も前年度に比べて七・五％も減少しました。

このように、九七年当時、橋本龍太郎内閣が歳出カットと増税路線に踏み切ったのは、九六年の実質成長率が三・四％と、八〇年代前半並みの高さを記録したからだと考えられます。橋本政権は、景気は順調な拡大過程に入ったとみて、度重なる経済対策で悪化した財政を再建しようとしたのです。経済成長率は九七年の四月─六月期に大きく低下しますが、いったん七月─九月期に持ち直します。しかし、九七年一〇月からふたたび低下し始め、九七年一一月には、三洋証券、北海道拓殖銀行、山一證券と立て続けに大型の金融破綻が起こり、金融危機が発生します。そして、九八年はとうとうマイナス成長になり、以後、GDPデフレーターだけでなく、消費者物価指数でみても、〇四年一〇月現在まで日本経済はデフレに陥ってしまいます。

†金融政策の失敗がもたらした長期停滞

右で説明したように、景気は財政支出が拡大している間はなんとか持ちますが、財政支出が減ったり、増税が実施されたりすると、たちまち不況になり、デフレに陥ってしまいます。

〇〇年には、IT（情報通信技術）投資が活発になり、景気が回復し、後にITバブルといわれますが、輸出が減少に転ずると、たちまちしぼんでしまいました。

このように、財政政策や輸出に頼らないと、すぐ景気が悪くなり、デフレになってしまうのはなぜでしょうか。それは、資産デフレによってバランス・シートが悪化するとともに、人々が今後もデフレが続くと予想するようになったため、設備投資や消費が停滞したからです。第一章1節で述べましたが、設備投資が減れば、人々の所得が減り、その結果、消費も減ります。このようにして、モノやサービスに対する需要が減れば、さらに物価は下がります。それでは、人々の間に、デフレ予想が定着したのはなぜでしょうか。

これについては、岡田靖・飯田泰之「金融政策の失敗が招いた長期停滞」(浜田宏一・堀内昭義他編『論争　日本の経済危機』)という実証研究があります。彼らの研究によると、デフレ予想を定着させたのは日銀の金融政策でした。彼らの結論はこうです。

㈠　九一年七月以降の日銀の金融緩和政策が極めて不十分な緩和だったことが、長期にわたる債務デフレとデフレ予想の定着をもたらした。

㈡　㈠の結果、日本経済はデフレに陥り、長期にわたって停滞した。

㈢　九一年七月以降、日銀が伝統的な金融政策にとらわれずに、量的緩和政策を採用したならば、デフレに陥ることなく、より高い成長を達成できた。

なお、量的緩和政策とは何かについては、第七章2節で説明します。

これも第七章で説明しますが、九〇年代以降の主要国の経験は、デフレでなく、インフレ率を一～三%程度に維持することにより、マクロ経済は安定し、長期にわたって安定的な成長を維持できる可能性が高まることを示しています。この意味で、長期にわたるデフレを招いた九〇年代から〇三年にかけての日銀の金融政策は失敗だったと考えられます。

†長期経済停滞をめぐる「構造説」と「デフレ説」の対立

しかし、九二年から〇二年までの長期経済停滞の原因については、右に述べたような「デフレ説」ではなく、日本経済の構造改革の遅れが原因であるという「構造説」をとるエコノミストのほうが多数派です。第一章2節で、戦後のイギリスの長期経済停滞の原因を供給サイドに求める考え方を紹介しましたが、「失われた一〇年」の「構造説」も供給サイドに原因があるとする考えです。「構造説」にも重点の置き方によっていろいろありますが、次のような理由により、潜在成長率と労働生産性が低下したというものが代表的です。

①「日本的経営の不適合説」…日本的経営がグローバル経済化の中で、不適合になり、米国型経営の適合性が高まったが、日本的経営から米国型経営への構造転換が遅れた。

②「銀行の貸し渋り説」…銀行の不良債権処理が遅れたため、貸出が減って、成長産業への資金供給が細った。

③「銀行の追い貸し説」…銀行の不良企業への追い貸しによって、生産性の低い企業が温存さ

れたため、土地と労働および資金の低生産性産業から高生産性産業への移動が進まず、効率的な産業構造への転換が遅れた。

④「規制改革と政府企業の民営化の遅れ説」…規制改革や政府企業の民営化が遅れたため、効率的な産業構造への転換が遅れた。

⑤「非効率な公共投資説」…公共投資が失業対策として、生産性の低い地方に重点的に配分され、東京圏のような生産性の高い地域の社会資本整備が遅れたため、社会資本の生産性のみならず、民間資本の生産性も低下した。

ここに、潜在成長率が低下したという場合の潜在成長率とは、労働や設備や土地などの資源を完全に利用したときに達成できる最大の成長率のことをいいます。これは、供給能力からみて、インフレを加速しない最大可能な成長率と言い換えることもできます。潜在成長率は生産性が上昇すれば高まります。第一章の言葉でいえば、潜在成長率とは人々の自由な創意と工夫によって実現できる最大の成長率です。

それに対して、「デフレ説」はこの節のはじめで説明した債務デフレに基づいています。すなわち、日本経済は八九年の急激な金融引き締めをきっかけにしてバブルが崩壊したため、債務デフレが始まり、九〇年代以降も金融緩和が不十分だったために、需要不足から物価が持続的に下落するデフレと資産デフレとが相互に効果を強めあうという、債務デフレのワナに陥ってしまいました。いったんデフレになると、人々の間にデフレ予想が定着します。そのため、需要はさらに減少して、GDPギャップはいっそう拡大しました。GDPギャップが拡大すれば、設備や労働者は完全に利用されずに、設備の稼働率は落ち、失業率は上昇します。そのため、実際に実現される成長率は、設備や労働などの資源を完全に利用したときに達成できる潜在成長率を下回ってしまいました。これが「デフレ説」による長期経済停滞の原因に関する説明です

それでは、「構造説」と「デフレ説」のいずれが、より整合的に、「失われた一〇年」と呼ばれる平成の長期経済停滞を説明できるでしょうか。

九二年以降の長期経済停滞期は、物価が持続的に低下するデフレと、設備稼働率の低下および失業率の上昇とを伴いました。したがって、「デフレ説」は実際の経済の動きを整合的に説明することができます。

他方、潜在成長率低下説や労働生産性低下説が妥当すれば、日本経済全体の供給能力の伸び率(すなわち、潜在成長率)が鈍化するわけですから、需要の増加率のほうが潜在成長率よりも高くなると考えられます。企業が需要の増加に合わせて供給を拡大しようとすれば、雇用を増やさなくてはなりませんから、失業率は低下するでしょう。

他方、供給能力の伸びが鈍化しているので、雇用を増やして供給を増やそうにも、その増加に

は限界があります。したがって、需要の増加をすべて満たすことができません。供給の増加が需要の増加に追いつかなければ、インフレ（物価の持続的上昇）になると思われます。しかし実際には、失業率は上昇し、インフレでなくデフレになっています。

それに対して、「構造説」をとる人は、失業率が上昇したのは、総需要が不足したからではなく、企業が求める能力と職を求める労働者の能力が一致しなくなったためだという、「雇用のミスマッチ説」を主張しています。確かに、その面がないとはいえないでしょう。しかし、八〇年代に二・五％くらいだった失業率が九〇年代後半から五％台に急上昇しますが、その急上昇の大部分が、この時期に急に拡大した雇用のミスマッチによると考えることには無理があると思われます。というのは、デフレは九〇年代後半に大きくなり、デフレ予想が需要不足に及ぼす影響も九〇年代後半になって大きくなるからです。この九〇年代後半のデフレ予想の定着による需要不足から、九〇年代後半に失業率が急上昇したと考えたほうが分かりやすいと思います。実際に、消費者物価のデフレが始まる九八年の一年間に、失業率は二割以上も上昇しています。

†潜在成長率と労働生産性伸び率は低下したか

それよりも、そもそも九〇年代以降、潜在成長率や労働生産性伸び率は低下したのでしょうか。

実は、この点に関する有力な実証研究は、この期間に、潜在成長率や労働生産性伸び率が長期経済停滞をもたらすほど低下したことを示していません。すなわち「構造説」では、九〇年代に平均成長率が八〇年代の四%から一%へと三ポイントも低下したことを説明できないのです。

しかし、だからといって、著者は、日本経済のいっそうの効率化を図るためには、構造改革が必要だという主張を否定しているわけではありません。現在の日本経済が持っている潜在成長率(一般にいわれる、日本経済の実力)を実現するには、デフレを脱却して、穏やかなインフレを保つことが必要と考えますが、その上で、いっそう潜在成長率を引き上げるには、構造改革が必要だと考えます。

このことは第七章で詳しく述べますが、次章では「構造説」の一つである、①「日本的経営の不適合説」との関連で、「日本的経営」と呼ばれてきた経営形態の特徴と、それが最近(九〇年代後半から〇四年にかけて)、どのように変化しつつあるかをみておきましょう。

なお、「構造説」である④「規制改革と政府企業の民営化の遅れ説」と⑤「非効率な公共投資説」については第六章で、②「銀行の貸し渋り説」と③「銀行の追い貸し説」については第七章で扱います。

第三章

日本的経営とその行方

戦後しばらくの間、日本では、マルクス経済学がいわゆる「近代経済学」よりも優勢でしたが、マルクス経済学では、日本の企業経営は欧米とは違って、労使関係や下請けに代表される大企業と中小企業の関係にみられるように、封建的で、時代遅れのものとみる学派が大きな影響力を持っていました。

しかし、欧米では、驚異的な高度成長を達成した日本経済とその原動力となった日本企業の経営に対する関心が高まり、その日本研究が進むにつれて、彼らの多くは、「日本の企業経営は欧米とは大きく異なっているが、生産性の向上や品質管理などの点で、極めて優れている」という結論に達しました。

そうした海外の研究者からの高い評価を受けて、日本でも日本的経営を見直す機運が高まり、八〇年代後半のバブル期には、「日本的経営は海外に輸出するに値する」とか「もはや欧米に学ぶものなし」と日本的経営を絶賛する経済学者も現れたほどです。こうした、過剰ともいえる日本経済と日本的経営に対する自信が、八〇年代後半にバブルを生んだ究極の原因かもしれません。

バブル当時流行した言葉に、「経済は一流、政治は二流」というものがありました。それは、一面では政治を批判したものですが、本心は、「政治が二流でも、経済は一流だ」という、経済人の自負を表現したものです。

ところが、欧米の日本研究者からほめられて有頂天になったのもつかの間、九二年に景気後退に入ってからは、三％程度で成長することもありましたが、よい景気はどれも短命に終わり、平均すると一％、時にはマイナス成長になるといった調子でした。こうした経済の長期停滞の中で、今度は一転して、「日本的経営はグローバル経済の下では通用しない」と、バブル期に日本的経営を絶賛した人々が、それとは正反対の評価を下すようになります。実に、人の評価は移ろいやすいものです。

そこでこの章では、日本的経営とは何か、それはこれまでどのように機能したか、今どう変わりつつあるのか、それとも変わっていないのか、といった点を考えてみましょう。

1 日本的経営とは

†会社は誰のものか

日本的経営の特徴の一つは、経営の目標がアメリカ企業のように、株主の利益の最大化になく、マーケット・シェアの維持・拡大や新製品・新事業比率の拡大にあるという点だといわれます。いくつかの経営者アンケートもそのことを示しています。

経営目標と関係しますが、バブル崩壊後、「会社は誰のものか」という議論が高まったことがあります。そうした議論が高まったのは、九〇年代後半に、総会屋への長期にわたる利益供与や、銀行が返済不能な借り手に貸し続けたことなどが明るみに出るといった、金融・証券不祥事が続いたこと、日本企業の収益が低迷して、株主の利益が低下したこと、会社を立て直すために、早期退職制度の導入などにより中高年層のリストラを実施する企業が現れたことなどにより、株主の利益と経営者、さらに従業員の利益との対立が表面化したことが背景にあると思われます。

「会社は誰のものか」という問いの答えは、アメリカでしたら、議論の余地なく、「株主のもの」です。アメリカでは、株主総会で、経営者は「あなた方の会社の今期の営業成績は……」といった調子で話します。「つまり、会社はあなた方株主のものだ」と言っているわけです。ですから、アメリカの経営者は利益の最大化を通じて、株価を最大にして、会社の所有者である株主の利益をできるだけ高めるように、経営するといわれます。

それに対して、日本の株主総会では、最近は変わったかもしれませんが、経営者は「わが社の今期の……」と話すのが普通でしょう。

しかし、アメリカでも株価最大化という経営目標は建前であって、実際にはそれからの逸脱もみられます。この建前と実際とがしばしば乖離するのは、二〇世紀に入る頃から、「所有と経営の分離」が進んだためです。

資本主義の初期においては、経営能力を有するものが、自分でお金を出して株式会社を設立し、自分で会社を経営する経営形態が普通でした。この場合、法的には、会社の所有者は株主ですが、彼（または、彼ら）は株主であるとともに経営者ですから、「所有と経営」は一致しています。したがって、所有者である株主と経営者の利害が対立することもありません。

株式会社が発行する株式を購入して、会社に資金を供給する人を、株主とか出資者といいます。そこで、この資金は株主資本とか自己資本とか呼ばれます。

しかし、株主資本の供給者自身が会社を経営するとなると、集められる資金には限りがあります。もちろん、会社は株主だけから資金を集めるのではなく、銀行などからお金を借りることもできます。しかし、借りたお金は経営が悪かろうが、よかろうが、決められた期日に金利を支払い、決められた期日に返さなければなりません。もしも期日に返せず、貸し手が貸出を更新してくれなければ、会社は倒産してしまいます。

倒産を避けるには、資金の一定割合を株式で調達する必要があります。株式であれば、返済する必要はありませんし、経営が悪化したときは配当を支払わずにすみますから、倒産を避けることができます。このように、株主は会社の利益が低下したり、赤字になったりしたときには、配当を要求せずに我慢してくれますから、株主資本は、経営のリスクを負担してくれる資本という意味で、リスク資本とかリスク・キャピタルとも呼ばれます。

さて、会社の事業が拡大するにつれて、リスクも大きくなりますから、自己資本の必要性も高まります。そうなると、経営能力がある人だけから自己資本を調達していたのでは、事業拡大に必要なリスク・キャピタルを集めることはできなくなります。そこで、株式会社は成長するにつれて、経営能力のない人からも自己資本を調達しなければならなくなります。

このようにして、経営に参加しない株主が増えると、会社の所有者である株主と会社を経営する経営者とが一致しなくなります。これが「所有と経営の分離」という現象です。「所有と経営」が分離すると、経営者は必ずしも株主の利益を最大にするように会社を経営するとは限りませんから、両者の間で、利害の対立が生まれます。そこで、法的には、会社は株主のものであるにもかかわらず、「会社は誰のものか」が問われるようになったのです。

†株主の利益は軽視されたのか

さて、戦後の日本では、長い間、マーケット・シェアの維持・拡大や新製品・新事業比率の拡大が経営の主たる目的で、株主の利益をほとんど考慮しない経営が行われてきた、といわれています。

私は、七三年の春に、大学院時代の恩師である小宮隆太郎元東京大学経済学部教授と『企業金融の理論』(日本経済新聞社)という本を出しましたが、この本を読んだ私の大学時代の友人に、「岩田君。日本の企業は株主の利益なんか考えちゃいないよ」と言われたことを、今でも覚えています。というのは、この本は「企業は株価を最大化するように行動する」ことを前提にして、企業の資金調達や配当政策などについて論じたものだったからです。当時は、確かにその友人の言うとおりだったのかもしれません。それが、三〇年後の今になって、日本でも株主重視の経営云々がいわれるようになったのですから、隔世の感があります。

そこで、なぜ、日本企業は、株主は会社の所有者であり、会社にリスク・キャピタルを供給するという、極めて重要な役割を担っているにもかかわらず、彼らの利益をほとんど考えずに経営できたのかという疑問が生まれます。

確かに、八〇年代までの経営者アンケートから判断する限り、株価の維持・上昇を経営目標の一つにあげる経営者はまれでした。しかし、結果的にもそうだったかは別です。時期をどうとるかにもよりますが、高度成長期以後バブル期までをとると、日経平均株価を構成する複数の株式を、長期的に保有した場合には、年率一八％程度の株式の値上がり益が得られたという研究があります。実際に、高度成長期からバブル期までは、株価は短期的に下がることはあっても、傾向としては、右肩上がりで上昇し続けてきました。ですから、株式を長期的に保有すれば、投資家は定期預金などよりもはるかに高い利益を得られたのです。

経営者に「私たちは株主の利益を重視しています」と言われながら、実際には、株式投資収益率が低いよりも、重視してもらっているかどうかはあやしくても、実際に、株式投資収益率が高いほうが、株主にとってありがたい話です。何事も、約束よりも、結果です。どんなに立派な約束でも、守られなければ意味がありません。確かに、日本には、結果がだめでも、それに至る努力を評価する美風があります。しかし、株主はそうした美風からは程遠い存在だと思います。

右の私の主張は、結果的に、株主はリスクに見合った利益を享受できたため、株主と経営者や従業員の間の利害は対立せず、経営者の自覚レベルでは、「株主の利益を軽視した経営」が可能だったという仮説です。

†なぜ、株主とその他の会社関係者の蜜月時代が続いたのか

それではなぜ、戦後長い間、株主と経営者や従業員との間に利害対立が生ぜずにすんだのでしょうか。

日本企業はマーケット・シェアの維持・拡大に努めてきたといいます。マーケット・シェアが大きければ、生産量もそれだけ大きくなりますから、企業は生産量当たりの費用を引き下げることができます。というのは、生産には生産量にかかわらずかかる費用――これを固定費用といいます――が存在するからです。例えば、宣伝・広告費はその典型です。正社員の給与の大半も生産量とは関係なく払わなければなりませんから、固定費用です。ですから、生産量が増えれば、固定費用を生産量で割った生産量当たりの固定費用は減少します。これは生産量当たりのコスト

が下がり、利益が増えることを意味します。このように、生産量の拡大によって生産量当たりのコストが下がることを、規模の経済とかスケール・メリットが存在するといいます。

ただし、マーケット・シェアが高くても、売上高が減ればスケール・メリットは働きません。しかし、景気循環の過程で売上高が落ちることはあっても、長期的に伸びるならば、長期的にはスケール・メリットが働いて、利益を増やすことができます。

このようにして、「マーケット・シェアの維持・拡大→スケール・メリットの増大→長期的な利益の増加」というプロセスが働く限り、長期的にみれば、株価も上がりますから、マーケット・シェアの維持・拡大と株主の利益とは矛盾することなく両立し、株主と経営者や従業員との利害が対立することもありません。

しかし、ある製品のマーケット・シェアが高くても、長期的にみて、絶対的な売上高が減ってくれば、スケール・メリットは働きませんから、経営者がそうした製品のマーケット・シェアにこだわり続ければ、株主と経営者の利害対立が表面化し、経営者はその製品の生産から撤退を迫られるでしょう。すなわち、事業の見直しです。

それでは、経営者アンケートで比較的高い割合を占める、「新製品・新事業比率の拡大」という経営目標はどうでしょうか。

競争にさらされている企業は、現在の成功に安住していると、たちまち脱落してしまいます。

ある製品の販売で大きな利益を上げていれば、他の企業もその利益を目指して参入してきますから、よほど他の企業にはまねのできない技術でも持っていない限り、他の企業の参入を受けて、高い利益は消失してしまいます。

さらに、他者にまねのできない技術でも、長期的には、新たな技術の登場によって陳腐化してしまう可能性があります。例えば、かつてポラロイドカメラは、写したそばから現像できるという他社にまねのできない独特の技術を持っていましたから、その販売で高い利益を得ることができました。しかし、今では、現像しなくても、撮ったそばから写真を見られるデジタル・カメラの登場で、ポラロイドカメラはかつての面影をまったくなくしてしまいました。

ですから、企業は常に新製品や新事業の開発を目指して、新たな領域に挑戦していかなければ脱落してしまいます。脱落すれば、当該企業の株価も下がりますから、「新製品・新事業比率の拡大」という経営目標は株主の利益と対立するものでなく、むしろ、株主の利益に結びつく経営手段だといえます。

一見、株主の利益とは異なる経営目標のようにみえても、その目標の達成が株主の利益に結実したからこそ、株主と経営者および従業員との間に利害の対立が発生しなかったと考えられます。

†日本的経営の労使関係

日本的経営は労使関係においても、欧米とは違っているといわれてきました。日本の労使関係は、これまで、終身雇用制、年功序列賃金制、企業別労働組合の三点セットに要約され、日本的雇用慣行と呼ばれてきました。

まず、終身雇用制からみていきましょう。これは最初に就職した会社に、よほどのことがない限り、定年まで勤めることができることを、暗黙のうちに保証する制度です。ただし、終身雇用制は大企業では一般的ですが、中小企業ではそれほどでもなく、適用されるのは正社員であって、パートや臨時工などの非正社員には適用されません。また、定年まで勤めるといいましたが、定年前に子会社や関連会社に移ることも少なくありません。しかし、退職するに当たって、会社は子会社や関連会社を斡旋してくれますから、その限りでは、雇用は安定しており、子会社や関連会社も含めて一つの会社と考えれば、大企業の正社員の雇用は定年まで保証されているといえるでしょう。

次に、年功序列賃金制は勤続年数が上がるにつれて給与が上がるという賃金制度です。この賃金制度でも、個人の能力に応じた賃金部分もありますが、その賃金に占める割合は比較的小さいという特徴があります。これは、勤続年数が長くなるにつれて、正社員の熟練度も高まることを前提にした制度といえるでしょう。その前提を支えているのが、日本企業が重視してきた企業内訓練、すなわち、「仕事をしながらの訓練——オンザジョブ・トレーニング」です。

もちろん、例外はあります。日本では、法律により、解雇が難しいこともあって、いま述べた前提がまったく当てはまらず、勤続年数が長いにもかかわらず、一向に熟練度が高まらない正社員でも解雇できないため、そうした例外的な人を見かけることがあります。

なお、賃金が勤続年数とともに上がるといっても、五四歳くらいをピークに、その後は下がるケースが多いようです。これは、五五歳くらいから六〇歳の定年まで、賃金の低い子会社や関連会社に転出するケースが多いことと対応しています。

最後に、企業別労働組合は労働組合が企業ごとに組織されているということです。労組は組合員の利益のために活動しますが、使用者側と対立するあまり、長期ストなどを打って、企業が倒産してしまえば、労働者自身、職を失ってしまいます。そのため、労働運動にも歯止めがかかり、労使の対立は緩和されます。

さて、以上の三点セットは、次のように、相互に補完しあっているという点に特徴があります。

日本企業は企業内訓練により、費用をかけて正社員の熟練を形成しようとします。ですから、熟練した正社員が他社に転職してしまうと、企業内訓練にかけた費用が無駄になってしまうだけでなく、競争相手の企業に熟練した正社員をただで贈与してしまうことになってしまいます。これでは競争に負けてしまいます。

そこで、正社員には、勤続年数が増えれば賃金を引き上げますが、引き上げ幅は熟練度に完全に応じた水準以下にとどめ、体力の関係などで生産性が落ちる年齢に達する頃に、今度は生産性以上に賃金を支払い、最後に退職金の支払いで清算することにします。退職金は長く勤めれば勤めるほど高くなるように設計されています。この賃金の後払いが、年功序列賃金制の特徴の一つです。

このように賃金体系を設計すれば、企業内訓練によって熟練した正社員は、転職すると後払い賃金分を取り戻せず、退職金も大きく減りますから、転職しなくなります。

賃金の支払い不足分を後で払うわけですから、定年まで職を保証する必要があります。そこで、終身雇用制が採用されるわけです。

終身雇用制と年功序列賃金制のもとでは、正社員は長期にわたって能力が評価されるため、適当にふるまって、高い賃金を得ながら、転職を繰り返すというわけにはいきません。他の企業も終身雇用制と年功序列賃金制を採用していれば、中途採用の道は大きく狭められることになりますから、ますます転職は不利になります。まさに、最初に入った会社に骨をうずめる覚悟で就職(正確には、就社)することになります。

企業は業績が悪くなっても、正社員の首を切ることはよほどのことがない限りしません。配置転換や子会社への出向などによってなんとかしのごうとします。しかし、業績の悪いときには、雇用を減らさざるを得ませんから、新規の採用を減らしたり、パートにやめてもらったりして調整します。

それでは、企業別労働組合と他の二つの制度はどうかかわっているでしょうか。まず、終身雇用を前提にしていますから、ほとんどの正社員は定年あるいは定年近くまで同一の企業で働きます。したがって労働組合は企業別になり、アメリカのように産業別になりません。企業は業績が悪化しても雇用を守ろうとしますから、労使の対立も先鋭化せず、労組も企業経営に協調的です。

次に、日本企業では、正社員はさまざまな職場を経験しながら、一般的な能力を形成するという特徴があり、年功序列賃金はそうした一般的な仕事の熟練度との関係で設計されています。この勤務形態により、正社員と職種（経理とか営業といった職種）の結びつきは希薄になりますから、イギリスのように、労働組合が職種別に形成されることはありません。そのため、職種別組合の一つでもストに入ると、生産が停止してしまうといったことも起こりません。

以上のように、日本的雇用慣行と呼ばれる三つの制度は、相互に補完し合いながら、労使関係の安定化に寄与しつつ、正社員の熟練を形成してゆくように巧みに設計されています。サッチャー改革以前のイギリスの労使関係とはまったく逆に、労働生産性を高めるように設計された制度といえます。

2 「日本的経営」の変化

†「日本的経営」ではグローバル競争に勝てない？

八〇年代には、海外からの賞賛を浴び、少なからぬ数の日本人がその賞賛に有頂天になってしまった「日本的経営」も、九〇年代に入って以降、すっかり評判が悪くなってしまいました。それは、なんといっても、経済の長期停滞が続いたせいでしょう。八〇年代当時は、日本的経営を絶賛してやまなかったエコノミストやメディアなどは、今度は、「日本的経営ではグローバル競争には勝てない。これからは、アングロ・サクソン型（具体的には米国型）経営だ」と声高に叫ぶようになります。「毀誉褒貶《きよほうへん》は人の世の常」とはいうものの、メディアの変貌ぶりにはいつもながら驚かされます。

それでは、グローバル競争とはいったい何を指しているのでしょうか。八〇年代までも、貿易や直接投資をめぐって、激しい国際競争はありました。しかし、その国際競争は、アジアの数カ国・地域と南米諸国を含めた西側世界の間の競争で、東側世界との競争は含まれていませんでした。しかし、ソ連などの社会主義国の崩壊と中国の鄧小平主導による経済改革とによって、東側世界の市場経済化が進むにつれて、東側世界を巻き込んだ国際競争が始まりました。これがグローバル競争の意味です。

しかし、西側世界の間の競争に東側世界との競争が加わると、なぜ、「日本的経営」はうまくいかなくなるのでしょうか。「グローバル競争による日本的経営の不適合説」では、この点の説明がはっきりしません。

†発展途上国の直接投資型経済成長

いま述べた問題を、ここでは、少し迂回して考えてみたいと思います。

最近の中国に代表される発展途上国の経済成長の特徴は、先進国から積極的に直接投資を受け入れて、生産技術のみならず、経営手法、ノウハウ、マーケティング、研究開発などといった経営資源を丸ごと取り入れてしまうという点にあります。実は、サッチャー改革以降のイギリスの生産性の向上に大きく寄与したのも、各国のイギリスへの直接投資でした。日本からもトヨタや日産がイギリスに直接投資して、日本車を生産し、イギリスの雇用に貢献していることはよく知られています。

直接投資とは外国の企業を買収したり、外国に工場や事務所を建設したりして、企業を経営することです。企業を経営するという点で、外国の株式に投資する証券投資（間接投資ともいわれます）との違いがあります。

直接投資を受け入れて成長を図ろうとする戦略は、かつて、マルクス経済学系の学者によって、「先進国従属論」が唱えられ、批判の的でした。この理論は次のように主張します。

先進国が発展途上国に直接投資するのは、発展途上国の安い賃金を利用するためで、先進国による発展途上国の労働者の搾取である。先進国は搾取によって得た富を、発展途上国には投資せず、本国に持ち帰って資本家の懐を肥やす。発展途上国の労働者はいつまでも低賃金労働に縛られたまま、先進国に従属するだけである。

この考え方からは、むしろ、先進国からの輸入を制限して、国内生産に置き換える輸入代替による成長が唱えられます。しかし、輸入制限などで国内産業を保護するのでは、保護された産業はいつまでも保護に甘えて自立できません。第一章で述べたように、個人と企業の自由な創意と工夫こそが成長の原動力であることを考えれば、この保護政策が成功する見込みは小さいでしょう。

中国をはじめとするアジア諸国は直接投資を受け入れるとともに、自由貿易を原則として、目覚しい成長を遂げてきました。この事実は「先進国従属論」が間違っていたことを端的に示しています。それでは、「先進国従属論」のどこが間違っていたのでしょうか。

「先進国従属論」が間違っていたのは、直接投資と独占とを混同したからです。この理論が当てはまるのは、一つの企業からだけ直接投資を受け入れるとともに、貿易を自由化せずに、直接投資した企業に独占を許す場合だけです。悪いのは直接投資ではなく、独占なのです。

直接投資企業が発展途上国の主たる雇用企業で、かつ、あるモノの唯一の供給者であるとしてみましょう。どんなことが起きるでしょうか。このケースでは、人々は、労働者としては、他の有力な雇用企業が存在するときよりも低賃金で働かなければなりません。一方、消費者としては、他の有力なモノの供給者がいるときよりも、高い価格で買わなければなりません。つまり、発展途上国の人々は労働者として搾取された上に、消費者としても搾取されるのです。

しかし、この二重の搾取を避けるために、直接投資を禁止するのは本末転倒しています。国を世界に向かって開放し、複数の企業に、貿易についても直接投資についても競争させればよいのです。

競争的な企業が複数あれば、人を雇うにもモノを売るにも、競争しなければなりませんから、独占のケースよりも賃金は高くなり、モノの価格は安くなります。さらに、企業の参入を自由にしておけば、たとえ供給企業が一つしかなくても、複数存在しているときと同じ効果が期待できます。というのは、独占企業が高い価格をつけて独占利潤を享受していると、その独占利潤の分け前を目指して他の企業が参入してくる可能性があるからです。独占企業がそのことを予想すれば、参入による混乱を回避しようとして、価格のつり上げを控えるようになるでしょう。

増加するアジアへの直接投資

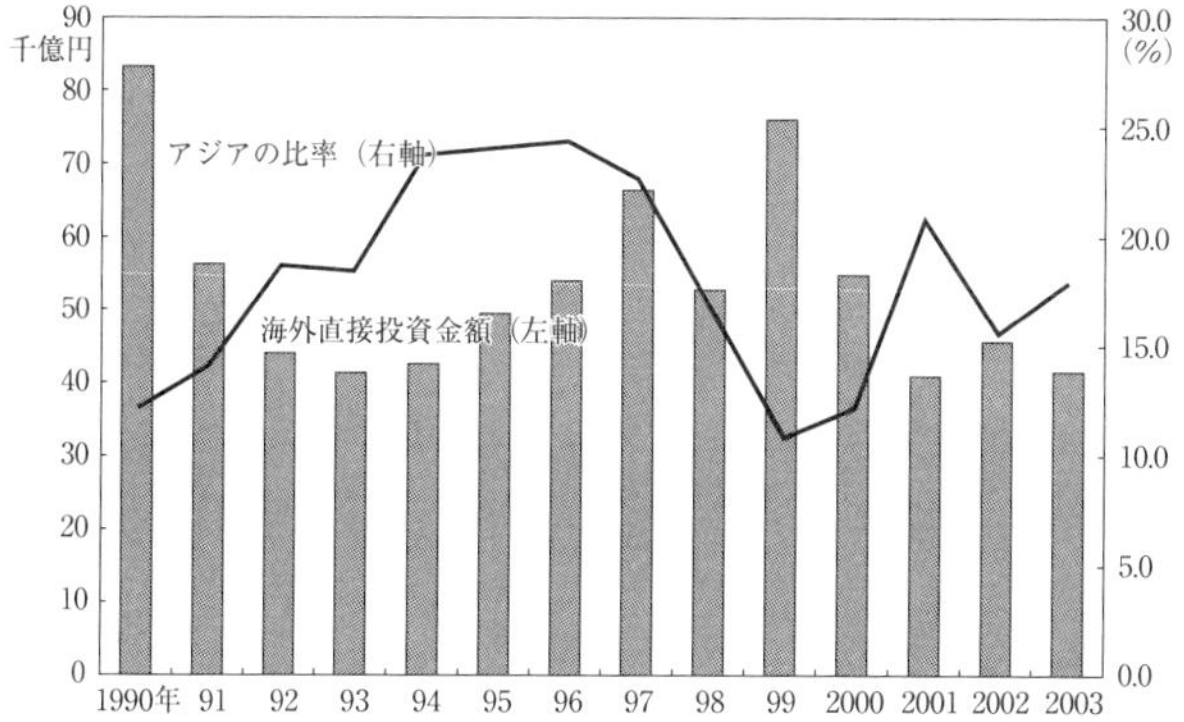

（出所）財務省ホームページ

†発展途上国の技術・経営の向上によるグローバル経営化

発展途上国が競争的環境を整えつつ、直接投資を大々的に受け入れるようになると、発展途上国の技術と経営は、単なる技術の導入に比べて、急速かつ大きく進歩します。それは先進国の技術者や経営者を受け入れて、仕事をしながら、あらゆることを学ぶのですから当然です。技術の解説書を読むだけでは、技術進歩の速さと深さには限界があります。技術や経営に精通した人とともに仕事をしてこそ、技術や経営を本当に習得できるというものです。それは技術や経営には文字だけでは伝えきれない部分があるからです。

八〇年代後半頃から、日本企業による中国などの発展途上国への直接投資が増えた大きな原因は、急速な円高とその定着でした。円高は発展途上国に比べたときの日本の相対的な賃金を引き上げます。そこで、日本の製造業は相対的に安い賃金を目指して、発展途上国への直接投資を増やしました。やがて、発展途上国に直接投資した企業から、廉価な輸入品が入ってきます。当初は、技術が未熟だったため、不良品も少なくなく、発展途上国で生産された部品は信頼できないという理由で、使わなかった企業もありました。

しかし、学習する時間がたつにつれ、発展途上国の技術と経営は飛躍的に向上し、今では信頼の置ける取引企業が少なくありません。

かくて、日本企業をはじめ、主要国の企業、特に製造業は、どこで、なにを、企画、開発、生産、調達、販売し、どこで、どういう人を雇用するかまでも、発展途上国を含めて、世界的視野で決定するようになってきました。まさに、経営にかかわるすべてのことをグローバルな視野に立って決定するグローバル経営です。

†変化する終身雇用制

以上のような日本企業の対応は、主として製造業の対応です。すなわち、円高の定着をきっかけとする製造業の、中国などの発展途上国への直接投資が、発展途上国の経営資源の蓄積と質の向上をもたらしたために、製造業における水平的国際分業が進展し、生産の垂直的統合が国境を越えて形成されるようになったということです。ここに、水平的国際分業とは、自動車会社が中国に自動車の部品を作るための機械を輸出し、中国で生産した部品を日本に輸入して、日本で自動車を組み立てる、といった分業を指します。一方、生産の国境を越えた垂直的統合とは、いま述べた自動車のケースでいえば、研究・開発と最終的組み立ては日本で行い、その中間の部品の生産は中国で行うといった生産方法をいいます。

このような、日本企業の国際的分業の展開は、正社員に関わる日本的雇用慣行を変える可能性があります。例えば、これまでは日本で生産していた部門が中国に移れば、中国に移った部分は要らなくなりますから、そこでの正社員の雇用を守ることは難しくなります。

その典型的な例として、松下電器産業を取り上げましょう。松下電器といえば、業績が悪化しても雇用を守ることで有名でした。しかし、〇一年度から、会社を立て直すために、大胆なリストラ、すなわち正社員の大幅削減を始めました。その甲斐あって、〇四年には業績が大きく改善しましたが、それにもかかわらず、大手韓国電機などに対抗するため、同年七月から三〇〇〇人の早期退職制度の募集を開始しました。業績が回復しているのに追加合理化を打ち出すのは日本企業では異例です。この人員削減の結果、〇一年度以降同制度による人員削減は二万人を突破します。これは、次のような生産拠点の海外移転に伴う措置です。コスト競争力を高めるために、ニッケル水素電池の生産から撤退し、中国・無錫《むしゃく》の子会社に生産を移管します。子会社の松下電子部品（大阪府門真市）はＡＶ（音響・映像）機器などに使う汎用アルミ電解コンデンサーの生産を山口市の工場からマレーシアに移します。

松下のリストラは、日本的雇用慣行の終焉を示す象徴と受け止められました。以上が、ひとくくりに、グローバル競争といわれる中身だと思います。確かに、企業はグローバルに競争していますが、グローバル経営のほうが事実を正確に伝える言葉だと思います。八〇年代後半、特に九〇年代以降、大きく変化したのは、グローバル競争による競争の激化以上に、経営のグローバル化です。単に、競争がグローバルに激化しただけならば、日本的経営が変わることはなかったと思われます。

†パートやフリーターの増大

九〇年代半ば頃から顕著になった雇用形態の特徴の一つは、フリーターやパートの急速な増大です。フリーターが増えているのは、正社員になって縛られるのを嫌って、自由に働きたい若者が増えたせいだといわれます。確かにその側面も小さくないと思われますが、急速に増えた最大の要因は、長期経済停滞で企業の正社員需要が減ったことだと思われます。実際に、〇三年頃から景気が回復するにつれて、正社員雇用が増えてきました。

パートが増大した理由としても、長期経済停滞が大きいと思われます。フリーターやパートであれば、景気の動向に合わせて雇ったり、やめてもらったりして、雇用を調整しやすいからです。

九二年以降は、景気がよいときでも売上高は低く、しかも景気上昇期は短命に終わってしまいましたから、柔軟に雇用量を調整することが経営上重要でした。

しかし、景気の良し悪しにかかわらず、フリーターやパートが増えていくと予想される要因があります。それは右に述べた、日本企業のグローバル経営の進展とかかわっています。松下電器の例に見られるように、工場が中国やマレーシアなどに移転するケースは今後も続くでしょう。そのような可能性の大きな工場や事務所では、正社員を雇って雇用調整を難しくすることは企業経営にとって好ましくありません。松下の例のように、正社員にやめてもらうときには、高額な早期退職金を払わなければならなかったり、再就職先を世話しなければならなかったりするからです。フリーターやパートであればその必要はありません。正社員が減れば、終身雇用制と年功序列賃金制の対象になる雇用者も減っていきます。

パートやフリーターの仕事はそれほど熟練を必要としません。そのうえ、絶えず、海外の未熟練労働者との競争にさらされ、職場は海外に移転してしまうかもしれません。そのため、賃金は低く抑えられてしまいます。製造業におけるパートやフリーターなどの雇用需要が減れば、彼らは海外との競争にあまりさらされないサービス産業に移ります。サービス産業で働こうとするフリーターやパートが多くなれば、サービス産業でも賃金は下がってしまいます。

他方、日本に残った、生産性の相対的に高い熟練労働者の賃金は、相対的に上がります。

このようにして、一方で、パートやフリーターなどが増え、他方で、パートやフリーターなどの未熟練労働者と熟練労働者との賃金格差が開いていく可能性があります。

†能力賃金制はどの程度進むか

右で、正社員が減れば、終身雇用制と年功序列賃金制の対象になる雇用者も減っていくと述べました。しかし、年功序列賃金制は崩れつつあり、能力給、業績給、年俸制といった、賃金のうち、社員の業績に応じて支払う賃金部分を増やす企業が増えています。

このような賃金体系の変化をもたらした大きな要因は、デフレが続く中で賃金を下げることが難しいことや、製品価格は下がるのに、人件費は増えるという状況が続いたことにあります。製造業の経営者は「こんな高い賃金では、国際競争に勝てない」と主張し始め、九〇年代終わり頃から、人件費を抑制し始めましたが、その際、能力のある者とない者とで賃金に差をつけ、能力のある者のやる気を今まで以上に引き出そうとしました。

正社員のほうにも、このような賃金体系の変化を受け入れる素地がありました。長期経済停滞が続く中で、企業倒産が増え、大企業といえどもいつ倒産するかも知れず、雇用不安が高まりました。正社員は、「会社は自分が定年になるまで存続するとは限らないし、いつまでも成長が続く保証もない」と思うようになります。実際に、職場が中国などに移転してしまうこともまれではなくなります。そうなると、勤続年数がたてば賃金が上がり、退職金も増えることを当てにして働いても、当てが外れるリスクが高まります。このリスクは若い人ほど大きくなりますから、彼らの中から業績給を増やせという声が高まります。そこで、こうした正社員の要請に応じて、退職金相当額を賃金に上乗せして払う制度を導入する会社や業績給の割合を高める会社が増えてきました。

業績給の割合が増え、勤続年数と退職金との関係もなくなれば、終身雇用にこだわる人も減り、転職する人が増えるでしょう。しかし、これは中高年層にとっては厳しい事態です。彼らは賃金の後払いを当てにして、これまで生産性以下の賃金を受け入れてきたのに、今になって、業績給を増やすというのでは約束違反です。まさに、収穫の時期に入って、「収穫するものは残っていないよ」といわれるようなものです。

こうして、業績給の導入は会社内の世代間対立を招きます。しかし、そうしなければ会社が生き残れないとなれば、彼らも受け入れるほかありません。

今後、業績給の導入・拡大がどの程度進むかは、個々人の業績を客観的にどの程度評価できるかに大きく依存します。プロ野球の選手のように、打率、出塁率、ホームラン、エラー率、防御率、セーブ率など、客観的なデータで選手の業績を測れる場合には、業績給が当たり前になります。しかし、普通の会社ではそうはなかなかいきません。評価に客観性がなければ、正社員の間で不満が高まり、やる気にも影響します。やる気をなくしたり、潜在的能力がある人が能力にふさわしい仕事を与えられないがゆえに評価されず、会社を去っていけば、業績給の導入・拡大は会社にとってもマイナスになってしまいます。そう考えると、業績給の導入・拡大は比較的客観的に評価できる賃金部分や特定の専門職に限られると思われます。

†柔軟に適応する日本企業

これまで、日本的経営の特徴とその変化をみてきました。しかし、1節でお話しした日本的経営は、いわゆる理念型で、実際の企業は理念型に一致しているとは限らず、米国企業型に近い企業もあるでしょうし、中小企業には当てはまらない例も少なくないでしょう。しかし、1節で述べた日本的経営の説明は、戦後から九〇年代に変化し始めるまでの企業、特に大企業の経営の特徴を捉まえていると考えられます。

右に述べたように、その大企業も変化しつつあります。しかし、その変化を日本的経営の終焉とか敗北というように消極的に捉え、これからは米国型経営だと考えるべきではないというのが、この章の最終的なメッセージです。そうした考え方は、八〇年代の日本的経営の絶賛から、九〇年代の日本的経営の崩壊=米国型経営の絶賛、といった極端な評価の変化を招きます。確かに、その極端さはマスコミの格好の話題で、「日本の敗戦」などと大げさに話題にすること自体が、マスコミが売れる手段なのでしょう。

私は、日本的経営、あるいは日本企業の本質は、環境の変化に対して柔軟に適応する点にあると考えます。ですから、戦後の大企業に典型的にみられるような日本的経営の理念型を、八〇年代の多くの識者のように、どの環境にももっとも適した経営形態と考えて、日本的経営を絶賛していると、評価した当の企業が、環境が変わったためにすっかり変化してしまっているという状況が生じます。このようにして、日本的経営はもうだめだなどといっているうちに、だめだといっている日本的経営は存在していない状況に直面します。しかも、環境に柔軟に適応する日本企業は、環境自体を変えていく主体でもあります。例えば、製造業では中国との国際分業が急速に進んでいますが、その環境を作り出したのは他ならぬ日本企業の中国への直接投資です。

このように考えると、今後も日本企業は自ら環境を創造しつつ、環境の変化に適応していくでしょう。どの環境にも最適に適応できる永遠の経営形態はないでしょうし、最適な経営形態は産業によっても異なるでしょう。あえて、最適な経営形態とは何かをいえば、「環境に柔軟に対応できる経営」ということになります。

以上のように、日本企業は九〇年代以降のグローバルな環境の変化に柔軟に適応してきたと考えられますから、平成の長期経済停滞の原因を日本的経営の不適合に求める「日本的経営の不適合説」は妥当でないと考えます。しかしここで誤解のないように、急いで留保しておきたいことがあります。「日本的経営の本質、あるいは日本企業の本質は、環境の変化に柔軟に適応することだ」といいましたが、それは国際競争にさらされている製造業にはよく当てはまりますが、規制などによって競争から守られている産業には当てはまりません。しかし、この点は第五章で規制改革を取り上げるときにお話しすることにして、次章では、「会社は誰のものか」と深くかかわるコーポレート・ガバナンスを企業金融との関係で検討したいと思います。

第四章 日本の企業統治

前章で、戦後から八〇年代までは、株主、経営者および従業員の間に目立った利害対立はなかったが、九〇年代に入って株価の下落・低迷が長引くにつれて、それまでおとなしかった株主の経営に対する不満が高まったことに触れました。そこで、株主にとって、いかに企業経営を株主の利益になるように仕向けるかが重要な問題になってきました。

株主などが企業の外部から、自らの利益が損なわれないように経営を監視することを、「コーポレート・ガバナンス（corporate governance）」といい、日本語では、「企業統治」と訳されています。そこでこの章では、九〇年代前半までの日本の「企業統治」の特徴と、それが九〇年代後半からどのように変わりつつあるかを検討しましょう。

1　九〇年代前半までの「企業統治」

†経営情報の公開

企業はその活動のために株主や債権者から資金を調達します。株主にとっては、提供した資金が株主の利益、具体的には、配当と株価の上昇につながるように利用されているかどうかが重要です。企業に資金を貸し出す債権者にとっては、貸出金の金利が約束したとおりに支払われ、満期にはきちんと返済されるかが重要です。そこで、株主や債権者にとっては、自分たちの利益を守る上で、企業がどのようにお金を使っているか、これまで借りたお金はきちんと返したか、配当はどうだったか、どれだけの利益を上げたかといった実績を知ることはもちろん、これらに関して将来はどうなるかを予想することも重要です。

企業の外部の者がこうしたことを知り、企業経営の将来を予想するためには、経営に関する情報が公開されていなければなりません。もっとも基本的な経営情報は、企業の収入と支出を示した「損益計算書」と、資産と負債・資本の構成を示した「貸借対照表」（バランス・シート）です。貸借対照表の資本とは自己資本のことです。

しかし、こうした経営情報が真実を伝えていなければ意味がありません。そこで、公認会計士が、これらの情報が事実であるかどうかをチェックします。ところが、九〇年代後半以降、公認会計士による銀行の不良債権のチェックが甘かったり、会計制度に不備があったりして、株主が損失を被るケースが少なからず発生したため、その後、国際標準にあわせた改革が行われました。

他方、消費者にとっては、企業の製品の品質が重要です。実際の品質が表示された品質よりも悪ければ、消費者は損失を被ります。例えば、三菱自動車は死者を出した脱輪事故で部品の欠陥を知りつつ、事実をひた隠しにし、軽自動車や高級車を含む一七種に二六件の欠陥がありながら、国にリコール届けをせず、違法ヤミ改修で済ませていました。これでは危なくて、三菱自動車の車を買おうとする人はいなくなるでしょう。企業にとって都合の悪い情報を隠すことは、一時的には利益になりますが、情報を隠し通すことは困難ですから、長期的にはマイナスです。実際に、欠陥情報が隠蔽されていたことが知れわたると、消費者の「三菱車離れ」が進み、三菱自動車は存亡の危機に立たされました。そうなると、同社の株価は大きく下がりますから、そうした情報を知らずに同社の株式を買った株主も損失を被ります。さらに、情報隠しの結果、企業経営が悪化すれば、従業員も給料が下がったり、職を失ったりして、損失を被ります。

†株式持ち合い制度と株主の監視機能の低下

企業にまつわる、真実を伝える情報の公開は、株主にとっても、債権者にとっても、従業員にとっても、消費者にとっても重要です。しかし、「損益計算書」や「貸借対照表」に示された情報を正確に読むことは、普通の人には難しいことです。さらに、そうした情報を利用して、企業を監視することには大きなコストがかかります。そもそも、普通の人には監視する時間がありません。そこで、普通の人に代わって企業を監視する専門家が登場します。

例えば、小額の株式しか持っていない個人投資家にとっては、常時、経営を監視することは費用と時間がかかるばかりで、費用を上回る利益は得られないでしょう。それに対して、大口の株主であれば、費用と時間をかけて経営を監視し、注文をつけることは、費用を償って余りある利益につながります。大口株主といえば、生命保険、投資信託、年金基金などが代表的です。これらは機関投資家と呼ばれます。しかし、日本ではこれまで、機関投資家の経営監視機能は不十分でした。その主たる要因として、バブル崩壊まで、株価が右肩上がりだったことがあげられるでしょう。つまり、たいていの場合、経営を監視しなくても、株式投資から利益が得られたのです。

日本には、株式持ち合いという制度があります。この制度は九〇年代の終わり頃から崩壊し始めますが、これまで、株主の監視機能の低下の一因になってきたと思われます。株式持ち合い制度とは、企業同士または企業と銀行がお互いの株式を持ち合う制度のことです。株式持ち合い制度が普及したのは七〇年代に入って、資本自由化が進んだためです。

資本自由化とは、外国人が日本の株式を買ったり、日本企業を買収したりすることを自由にすることをいいます。資本自由化が進むと、日本企業が外国の投資家に乗っ取られるリスクが高まります。日本で資本自由化が進められた当時、アメリカでは「敵対的乗っ取り」が盛んでした。敵対的乗っ取りとは、乗っ取り屋とよばれる投資家が、当該企業の経営権を取得できるだけの株式を公開で買い付けた上で、現在の経営者を追い出し、自分が選んだ経営者を経営にあたらせることをいいます。つまり、現在の経営者に敵対する企業の乗っ取りです。敵対的乗っ取りが起きるのは、乗っ取り屋が現在の経営者は株主の利益を最大にするように資金を有効に使っていないと判断するからです。この判断が正しければ、乗っ取りにより、より有能な経営者に代わることによって、株価は上がる可能性が高まりますから、株主は利益を受けるでしょう。

さらに、経営者が敵対的乗っ取りのリスクにさらされれば、経営者は敵対的乗っ取りが起きないように、資金を有効に利用して、株主の利益に応えようとするでしょう。この意味で、敵対的乗っ取りは、企業を規律付けて、資金を効率的に使用させる誘因になると考えられてきました。

しかし、現在の経営者にとっては、できるだけ敵対的乗っ取りは避けたいところです。そこで、日本企業は敵対的乗っ取りにあってはたまらないと考え、企業同士あるいは銀行との間でお互いの株式を持ち合って、乗っ取り屋が株式を公開で買い付けようとしても、乗っ取り屋に株式を売らないようにしようと考えました。ただし、「株式持ち合いの相手企業の株式を、乗っ取り屋に売らない」と契約しているわけでなく、暗黙のうちに了解しあって、株式を持ち合います。

株式持ち合い制度は経営者だけでなく、従業員からも支持されました。というのは、敵対的乗っ取りにあえば、交代した経営者が現在の従業員の職を保証してくれるとは限らないからです。

資本自由化以降、株式の持ち合いが進んだため、多くの株は銀行や企業に保有されたまま、市場に売りに出されることがなくなってしまいました。

株式を売るということは、株主が「当該企業の株を持ち続けることは魅力的でない」という意思表示です。株式を売る投資家が増えれば、当該企業の株価が下がりますから、経営者に対して、「もっとましな経営をせよ」という圧力になります。株価が下がり続けるような企業の経営者は

「無能な経営者」という烙印を押されたも同然です。ですから、この圧力は経営監視機能を果たします。しかし、株式持ち合い制度のもとでは、どんなことがあっても、持ち合いの相手企業や銀行は株式を手放さないわけですから、こうした圧力がかからなくなってしまい、株主による経営監視機能は低下してしまいます。

生命保険会社についても同じようなことが起きました。日本のほとんどの生命保険会社（以下、生保と略します）は株式会社ではなく、相互会社で、株式を発行していません。ですから、生保については株式持ち合い制度は当てはまりません。しかし、銀行が生保の自己資本（株式会社の株主資本に相当します）を保有し、その見返りに、生保が銀行の株式を保有するという、持ち合い制度が長く続いてきました。生保は自分に自己資本を供給してくれる銀行の株を売って、当該の銀行の株価低下の原因になったり、銀行経営に注文をつけたりすることは、長らくしませんでした。これでは、生保という機関投資家による銀行経営監視機能も働きません。

†投資信託も経営監視機能を発揮しなかった

それでは、投資信託委託会社はどうだったでしょうか。日本の投資信託委託会社は系列の証券会社と深い関係を持ってきました。投資信託は系列の証券会社を仲介に売買されます。その売買の際に、証券会社は投資家から仲介手数料をとります。投資信託の売買が盛んであればあるほど、証券会社の仲介手数料収入は増えることになります。そうなると、投資信託委託会社は系列の証券会社に投資信託を売りさばいてもらうために、投資家に投資信託の短期売買を勧めることになりがちです。投資信託の売買が増えれば系列証券会社の手数料収入が増えますから、その見返りに、証券会社に新たに売り出す投資信託を売りさばいてもらえるからです。

いま述べたような、証券会社と投資信託委託会社との親密な関係に基づいた、投資信託委託会社のセールス方針が大きな要因と思われますが、日本の投資家の投資信託売買頻度はアメリカに比べて極めて高く、長期保有は一般的ではありません。

以上のような状況ですから、投資信託委託会社が投資信託の投資家に代わって、企業経営に口を出して監視するという機能も発揮されませんでした。

企業統治から話がそれますが、株式や投資信託の短期売買については、株式の長期保有を頑固に貫いている、さわかみ証券投信株式会社の澤上篤人社長が、次のように述べています。これまでの日本では、大手証券会社が「これからはＩＴだ」とか「これからはバイオだ」というように投資シナリオを描き、そのシナリオに沿って株式を大量に短期売買する投資が一般的で、現実がシナリオどおりに進まないため、投資信託の収益は総崩れになってしまうことがよくありました。結局、ならしてみると、利益率は低く、しばしば、損を出してしまいます。これでは、投資信託は投資家から信頼を得られません。それに対して、日本には、流行を追う投資シナリオとは関係なく、トヨタの株式のように、動きは地味ですが、長期保有すれば、バブルが崩壊しようが、何が起ころうが、高収益をあげることのできる株式がたくさんあるといいます。そういう株式を長期保有することによってはじめて、株式投資から高い収益を得ることができるとのことです。

ところが、新聞や雑誌の株式欄は、トヨタのような大きく変動しない株式は面白みがないのか、少しも取り上げず、ソニーのように、短期的に大きく変動する株式ばかり取り上げる傾向があります。ソニー株の動きをみると、三千円くらいだったのが、あれよあれよという間に、一万円とか二万円に大化けすることがよくあります。確かに、三千円で買って、一カ月後に一万円で売り抜ければ、一カ月で一三三％もの収益率です。しかし、こういう株はえてして、下がり始めたら、今度は止まることを知らずで、売る暇もなく、買ったときの半分くらいになってしまうことも珍しくありません。

少し話が脱線しましたが、この辺で、企業統治との関係で「メイン・バンク制」についてお話ししましょう。実は、メイン・バンク制は株式の長期保有とも密接な関係があるのです。

†メイン・バンクによる企業統治

以上のように、個人株主も機関投資家も企業経営を監視してこなかったとなると、いったい誰が監視してきたのでしょうか。それとも、誰も監視してこなかったのでしょうか。

これについては、戦後日本の企業統治は銀行、特に、メイン・バンクによってなされてきたという主張があります。

戦後の日本の企業金融の特徴は、銀行が家計などから預金を預かり、銀行が企業に貸し出すという間接金融が中心だったことにあります。銀行は企業に貸し出す際に、企業の財務内容、これまでの業績、将来性、担保の有無などを審査して、返済可能性が高ければ、貸出を実行します。返済されない貸出金が増えれば、預金者に預金を払い戻すことができなくなってしまいます。預金者が安心して銀行にお金を預けられるのは、銀行が貸し出すときの審査能力を信頼して、預金はいつでも現金で引き出せると確信しているからです。ですから、銀行の審査能力は銀行が成立するための要の能力です。

ただし、第二章で述べましたが、以上は建前で、実際は違うことが九〇年代以降、明らかになりました。しかし、今はその点は問題にせず、建前を前提にして話を進めましょう。

さて、日本の銀行、特に大手銀行は企業に貸し出すとともに、株式持ち合い制の下で、貸出先企業の株式を保有するのが一般的でした。企業が主として資金を借りている銀行をメイン・バンクといいます。

企業が複数の銀行から借りている場合は、メイン・バンクが審査を担当し、その他の融資銀行はメイン・バンクの審査を信頼して貸し出してきたといわれます。これは、メイン・バンク以外の銀行が審査に要する費用を節約するためです。借りる企業にとっても、異なる銀行に同じような資料を提出して、同じような説明を繰り返さなくてすみますから便利です。

メイン・バンクは貸し出すときだけでなく、貸し出した後も、貸出先企業が資金を契約どおりに使っているか、財務内容は健全か、収益性はどうかといったことについて監視し続けます。監視を怠って、貸出が焦げ付けば、メイン・バンク以外の融資銀行に迷惑をかけることになりますから、メイン・バンクとしての信頼を失ってしまいます。

さらに、銀行は貸出先の有力な株主ですから、株主としても経営を監視します。貸出先企業の経営が悪化し、返済が滞るようなときには、メイン・バンクは役員を派遣したり、経営指導したり、返済を猶予したり、増資を引き受けたりして、経営の立て直しを図ります。

貸出先企業の破綻が避けられない場合は、自らの貸出の回収をあきらめるだけでなく、他の融資銀行の貸出債権を買い取り、迷惑をかけないようにします。これによって、メイン・バンクとしての信頼を確保しようとするわけです。

このように、メイン・バンクは債権者を代表して企業経営を監視するとともに、企業が破綻の危機にさらされるときには、企業再生の役割を担ってきたといわれます。

銀行は株式持ち合い制の下で、貸出先の株式を保有し、貸出先企業が敵対的乗っ取りにあうリスクを軽減し、企業経営の安定に寄与してきました。この銀行の長期株式保有は、敵対的乗っ取りを防止するためのものでしたが、結果的に、右に述べた、澤上篤人社長の主張する株式の長期投資という原則に一致し、銀行は大きな株式値上がり益を得ることができたのです。これは株式の長期保有がいかに有利かを示す典型的な例です。

さて、九〇年代までは、銀行は保有株式を売って、この値上がり益を現金化しませんでしたが、この現金化されない値上がり益を「含み益」といいます。銀行の、特に大手行の膨大な含み益は、九〇年代以降の膨大な不良債権を処理するための原資として使われることになります。つまり、株主としての大手行が、債権者として失敗した大手行を救うことになったのです。

†銀行を監視するのは誰か

右で、預金者は銀行の審査能力を信頼して預金するといいましたが、戦後、九〇年代半ばまでについては、これは正確な表現ではありません。というのは、それまでは、預金者は銀行の審査能力や経営を云々する以前に、「銀行はつぶれない」ことを前提にして預金してきたからです。しかし、銀行の経営が健全でなければ、預金の安全性を守ることはできませんから、誰かが銀行経営を監視する必要があります。九〇年代後半に、金融庁が設立されるまで、その役割を担ってきたのは旧大蔵省（現在の財務省）でした。

つまり、戦後日本の企業統治は、「銀行、特に、メイン・バンクが企業経営を監視し、大蔵省が銀行経営を監視する」という二重の監視構造をとってきたといわれ、通説になっています。その際、大蔵省が採用したのは、「銀行は一行たりともつぶさない」という原則でした。大蔵省はこの原則を八〇年代までは貫くことができ、「銀行はつぶれない」という「銀行不倒神話」が成立し、預金者は銀行経営に気を使うことなく、安心して預金をしてきました。

ところが、第二章で述べましたが、九〇年代に入ると、大蔵省の銀行経営監視はうまく機能しなくなり、大手行をはじめ、多数の銀行が融資の回収に失敗し、巨額の不良債権を抱える事態に陥り、「銀行不倒神話」は崩壊します。

「メイン・バンクが企業経営を監視し、大蔵省が銀行経営を監視する」という企業統治がうまく機能しないとなると、それに代わる企業統治形態が求められます。九〇年代後半から〇〇年初めは、新しい企業統治形態が模索された時期です。次に、そのことをお話ししましょう。

なお、右で説明した企業統治形態は通説で、「そもそもメイン・バンクに企業経営監視機能はなかった。銀行はただ借り手が持っている不動産の担保価値を評価して、それを担保に貸しただけだ」と指摘する経済学者もいます。私自身はこの点に関する専門家ではありませんので、どちらが現実妥当性が高いかについての判断は留保しますが、第二章で述べた八〇年代の銀行行動を見る限りでは、少なくとも八〇年代以降については、メイン・バンクの企業監視機能を否定する見解のほうが現実妥当性が高いと考えます。

2 新しい企業統治を求めて

†アメリカの企業統治

九〇年代後半からの日本の企業統治制度に関する改革は、アメリカを手本としたものが少なくありません。そこで、初めに、アメリカの企業統治の特徴をみておきましょう。

アメリカ資本主義は、「企業の目的は株価最大化にあり、経営者は株価最大化に最大限の努力を払わなければならない」という意味で、株主資本主義だといわれます。そうした傾向は、ここ二〇年ほどの間に大きく強まりました。それは次のような事情によります。

アメリカでは、七〇年代から八〇年代の初めにかけては、株主による企業統治は敵対的乗っ取りによって行われてきました。しかし、敵対的乗っ取りは、それまでに築き上げられてきた企業間の取引ネットワークを毀損することにつながり、必ずしも企業収益を引き上げることにはつながりませんでした。

他方、株式投資については、個人投資家が直接、株式に投資するよりも、年金基金や投資信託などの機関投資家を通して、間接的に投資する比率が大幅に上昇しました。株主が企業の経営に不満がある場合にとる手段には、敵対的乗っ取りを仕掛けるか、当該の会社の株式を売却するかのいずれかがあります。乗っ取りのパフォーマンスが芳しくなければ、株式を売ることになります。しかし、大株主である機関投資家が株式を売ろうとすると、売る株式が大量であるため、株価が下がって大きな損失を被ることになってしまいます。そのため、機関投資家は株式を売りたくても、なかなか売れません。そこで、機関投資家は企業経営に不満があっても、株式を売らずに、経営者に株価をできるだけ高める努力をするように、プレッシャーをかけるようになりました。これを、企業統治のための戦略が、「退出（Exit 株式を売ること）」から「発言（Voice）」に変わったといいます。機関投資家は「発言」の場を確保するために、企業に社外取締役を置くようになりました。また、ストック・オプションを導入して経営者に株価最大化への誘因を与えようとしました。ストック・オプションとは一定期間後に、あらかじめ定められた価格（権利行使価格）で、自社株を購入できる権利のことです。経営者にストック・オプションを与えれば、経営者は株価が権利行使価格よりも上回るように経営努力して、権利行使価格で購入した自社株を市場で売却してキャピタル・ゲインを得ようとするでしょう。日本でも、九〇年代後半以降、ベンチャー企業を中心に、ストック・オプションを導入する企業が増えました。

経営者がストック・オプションを与えられて、株価が上がるように経営努力することは、株主の利益につながります。しかし、アメリカにおける〇〇年から〇一年にかけての一連の企業経理不正事件では、経営者たちは粉飾決算までして株価をつり上げようとしたことが判明しました。不正事件が発覚した企業では、社外取締役がストック・オプションを持っていたり、巨額な役員報酬を得ていたりして、経営者を監視する機能をまったく果たしていないどころか、不正経理を見逃し、結果的に、経営者の粉飾決算に加担する者さえみられました。

さらに、次のような利益相反問題が深刻であることも判明しました。利益相反とは、同じ人や同じ組織が利害の相反することに同時に携わるときに起こる現象をいいます。アメリカのエンロンやワールド・コムの破綻によって次々に表面化した不祥事は、この利益相反が極めて深刻な状況にあることを示しています。

例えば、アメリカの五大会計事務所のひとつだったアーサー・アンダーセンは、エンロンの破綻に伴って、エンロンの会計監査証拠書類の破棄などの疑いが持たれ、信用を失って、消滅してしまいました。なぜアンダーセンはそのような消滅のリスクを冒してまで違法行為に走ったのでしょうか。

アメリカでは監査業務の競争が激化し、その報酬は減少の一途を辿ってきました。そこで、アンダーセンはいち早くコンサルティング業務に乗り出し、監査業務収入の減少を補おうとしました。これがうまく当たり、コンサルティング業務による報酬が急増して、アンダーセンの収入は九〇年代初めに、全米のトップに輝くほど増大しました。

しかし、監査業務とコンサルティング業務とは、利益が相反する業務です。会計監査を受ける会社は、できるだけ監査を甘くしてもらいたいと思います。会計事務所のほうもコンサルティング業務の注文を取りたいために、会社の意向に沿って監査を甘くしてしまう誘惑に駆られます。

適正な監査は投資家を保護するために不可欠です。その監査を甘くしてコンサルティング業務の注文を取ろうとするのは、投資家の利益を犠牲にして、監査対象会社の経営者と自らの組織の利益を優先する行為です。

この会計事務所の利益相反的な行動を完全に排除するには、会計事務所が監査業務とコンサルティング業務とを同時に行うことを禁ずることです。一連の不正事件を踏まえて成立した米国企業改革法では、一般的には二つの業務を同時に行うことは禁止されませんでしたが、同一企業に対しては、二つの業務を同時に行うことは禁止されました。しかし、これでは、異なった年度に監査業務とコンサルティング業務とを行えば、法の網を逃れることができます。この意味で、この改革法は不十分ですが、会計事務所に対する利益相反的行動への誘因はある程度は減少すると期待されます。

右のような不祥事が起こると、「アメリカ資本主義にも問題が多い」として、「市場」そのものに対する不信が高まります。しかし、市場とは、「市場原理主義」という言葉で「市場」を否定する人が思い込んでいるような、一切の規制のない完全に自由な制度ではなく、規制の仕方によってその機能は良くも悪くもなります。利益相反にしても、完璧に封じ込める規制や監視制度を作ることは難しいと思いますが、「市場」を否定するのではなく、絶えず規制やルールを見直し、市場の機能の改善に努めることが重要です。

以上のアメリカの経験を踏まえて、次に、日本の企業統治に関する改革をみていきますが、その前に、多少脱線しますが、右に述べた「退出」と「発言」についてお話ししておきたいことがあります。ただし、先を急がれる読者は次項を飛ばされても結構です。

†「退出」と「発言」のハーシュマン理論

「退出」と「発言」の二つの概念を用いて組織の成長と衰退の理論を構築したのは、アルバート・O・ハーシュマンという経済学者です。彼は一九一五年にベルリンに生まれたユダヤ人で、ナチの手から逃れようとしてアメリカに亡命した人です。ハーシュマン理論は本書が強調する競争の重要性や国有企業やその民営化などを考える上でも参考になることが多いので、ここで簡単に紹介しておきましょう。

いま、ある人がこれまである企業の製品を買い続けてきたとして、その企業が以前ほど質の良い製品を提供しなくなったとしましょう。彼は、①その企業の製品を買わずに他の企業から同じような製品を買うか、②その企業に対して質の低下を指摘し文句をつけ、製品の交換を求めたり、損害賠償を要求したりするか、どちらかを選ぶでしょう。①が退出、②が発言で、これは抗議と言い換えることもできます。こうした顧客の反応を無視し続ける組織は、いつかは顧客を失って消滅するでしょう。企業であれば倒産です。そうであれば、組織は消滅を避けるために①や②に反応して、組織の生産物（企業であれば製品やサービス、政府であれば国民に対するサービス）の質を改善して、顧客の退出を防ぎ、抗議の声を静めようとするでしょう。

しかし、退出が組織の生産物の改善につながるためには、同じような生産物を提供する他の組織が存在していなければなりません。企業であれば、顧客が同じような製品を買うことができるライバル企業が存在していなければならないということです。

他方、②の声を出して抗議することには、時間と費用がかかりますし、他の人と連帯して抗議の声を世間に知らせるようにしなければ、効果は上がりません。ですから、マスコミが抗議の声を取り上げることが声の効果を高める上で重要です。さらに、声が効果を持つためには、最終的には、退出によって当該組織が消滅の危機にさらされるリスクがなければなりません。したがって、②が組織の生産物の質の改善につながるためには、①と同じように、当該組織に取って代わることができる他の組織が存在していなければならないのです。

以上の「退出と声の理論」は、国家や国有企業やその民営化などを考える上でも応用できます。例えば、この理論は、第六章で扱う郵政事業の民営化が顧客にとってサービスの向上につながるためには、同じようなサービスを提供する企業が複数存在し、競争していなければならないことを示しています。

この理論を国家に応用してみましょう。国民にとって国家に不満があっても他の国に居住地を変える「退出」は、不満を声に出して言う「声」よりも費用がかかる行為でしょう。それでも、複数の政党が存在すれば、選挙で代替的政党を選んで、政権を交代させ、自分にとっての国家のサービスを改善する機会があります。これはある政党支持から他の政党支持へと「退出」することを意味します。しかし、社会主義国のように共産党しか存在しない場合には、この選択肢はありません。この場合には、国家に不満がある人にとっては、亡命などによる「退出」か「声」を出しての抗議行動が残された手段です。しかし、いずれの手段にも、生命の危険が伴います。ハーシュマンが指摘しているように、この点で興味深いのは、ポーランド、チェコスロヴァキア、ハンガリーでは共産党政権に対する抗議運動が展開されたことがあったのに対して、東ドイツではベルリンの壁が崩壊する直前まで、亡命が多かったということです。ハーシュマンは、東ドイツで「プラハの春」やポーランドの「連帯」のような反体制的抗議運動が起きなかった理由として、ポーランドのような、共産党からの避難所となる中世からの伝統あるカトリック教会が存在しなかったこと、ソ連圏の最前線であった東ドイツはソ連の強力な軍事的支配におかれていたことなどをあげています。しかし、八九年一一月九日のベルリンの壁の崩壊は、国民の「退出」を無視し続ければ、国家といえども消滅することを示していて、感動的です。

†企業会計制度の改革

この章の1節で、企業統治のためには、経営情報が公開されていることが必要だと述べました。しかし、九〇年代に相次いだ金融・証券不祥事や銀行の不良債権問題の発生の過程で、日本の会計情報の不備が明らかになり、それを踏まえて会計制度の改革が進みました。

第一は、単独会計から連結会計への移行です。これまでも、持ち株比率が五〇％を超える子会社の財務内容は、親会社の財務諸表と統合した連結財務諸表として公開されてきましたが、基本的には、個々の企業単位の単独会計が主流でした。しかし、企業、特に大企業は、子会社や関連会社と連携してさまざまな事業を展開していますから、子会社や関連会社をはずした単独会計では、グループとしての経営の全体像がよく見えません。

例えば、親会社が業績の悪い子会社を連結財務諸表からはずすという「連結はずし」により、経営成績を実態より良く見せかける会計操作が横行してきました。あるいは、親会社が不良資産を決算前に一時的に、連結会計の対象にならない子会社や関連会社に移して、資産内容を良く見せかけた上で、決算後に不良債権を買い戻すといった「不良資産の飛ばし」も行われてきました。

こうした会計操作や決算対策を防いで、グループ全体の経営実態を正確に表すために、新しい連結会計制度では、持ち株比率が五〇％未満でも、財務や営業の方針決定に重要な影響を与えることのできる子会社や関連会社は、連結会計の対象とすることにしました。

以上は、子会社や関連会社を負の受け皿として使うことですが、それらの会社には、そうした消極的な面ばかりでなく、経営を多角化して、人材などの経営資源を有効に活用するという積極的な面もあります。しかし、多くの大企業は八〇年代のバブル期に手を広げすぎたため、九〇年代以降の長期にわたる低成長の下で、採算の合わない子会社や関連会社を多数抱えて苦しむことになります。こうして、大企業は子会社や関連会社の整理、統合を迫られるようになり、「選択と集中」がはやり言葉になりました。すなわち、将来性のある事業を選択し、それに経営資源を集中させるという経営戦略です。

こうした大企業の経営戦略の変化は、会計制度が単独会計から連結会計へと改革される前から進行していましたが、会計制度の改革はこの変化を後押ししたと考えられます。連結会計制度の下では、子会社や関連会社を負の受け皿として使って、グループ全体の経営を良く見せかけることはできませんから、それらの会社を積極的に活用するか、それができなければ、グループからはずすしかありません。

企業の経営戦略の変化に応えて、法律もその変化を妨げないように、次々に改正されたり、新たに創設されたりしました。独占禁止法の改正による持ち株会社の解禁、商法改正による株式交換制度の創設、会社分割制度の創設などがそれです。法は安定を旨としますから、なかなか実態が変わっても改正されないものです。そう考えると、九〇年代後半からの法改正は、日本の法改正の歴史上例外的な早さであることが分かります。

第二は、取得原価会計から時価会計への移行です。取得原価会計とは、資産や負債の価値を取得したときの価格で評価するという会計です。それに対して、時価会計では資産や負債の価値を時価で評価します。ただし、時価といっても、まったく同じ資産や負債の市場価格が存在しない場合は、時価評価自体が困難です。しかし、株式や債券などの金融資産であれば、まったく同じかほぼ同じ資産が市場で売買されていますから、時価評価は難しくありません。ただし、ここでは、そうした時価評価の難しさにまつわる問題には立ち入らず、なぜ、取得原価会計から時価会計への改革が進められたかを考えてみましょう。

八〇年代までは、株価は長期的には右肩上がりで上がり続け、銀行の不良債権も問題にならない範囲に抑えられていました。こうした状況で、資産を時価で評価すれば、時価は取得原価を上回ります。この上回った分のうち、売却により現金化されていない分が「含み益」です。

ところが、九〇年代に入ってバブルが崩壊すると、株価も長期的な傾向としては、右下がりになり、生保のような機関投資家や株式持ち合い制度の下で株式を保有している企業と銀行は「含み益株」を次第に失い、「含み損株」を抱えることになります。回収可能性を考慮して銀行の貸出債権を時価評価すると、巨額な「含み損」を抱えていることが判明しました。

こうした状況では、資産価値を取得原価で評価していたのでは、企業や銀行の資産価値を過大に評価することになり、会計情報として不適切です。もちろん、含み益を正確に計上しないことも不適切ですが、どちらがより深刻かといえば、含み損を正確に計上しない場合のほうでしょう。というのは、投資家が企業や銀行の含み損や不良債権の実態を知らずに、それらの株式に投資すると、大きな損失を被る可能性がありますし、銀行の場合には、預金者が不良債権の実態を知らずに預金すると、預金の安全性を維持することが難しくなり、預金保険や公的資金による負担が増大するからです。

†メイン・バンクの代表的監視者機能の低下と株式持ち合い制度の衰退

バブル崩壊後、大手行は巨額の不良債権を抱えて、メイン・バンクといえども、企業破綻に際して、他の銀行の貸出債権を買い取って、融資を肩代わりする力もなくなってしまい、債権放棄額（借金の棒引き額）をめぐって、メイン・バンクとその他の融資銀行とが絶えず対立するようになりました。これまではメイン・バンクが破綻企業の再生を担ってきましたが、メイン・バンク自身の経営が不安定とあっては、その再生能力にも限界があります。

このようにして、メイン・バンクが債権者を代表して企業を監視するとともに、企業の破綻に

低迷する株価と低下する株式持合い比率

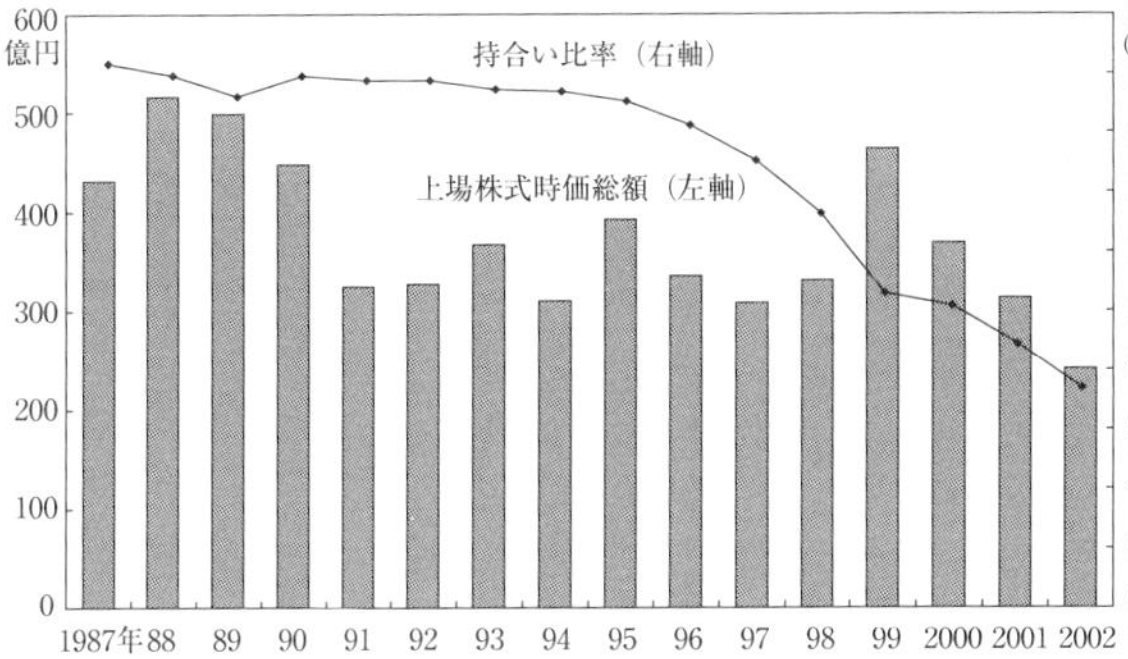

（注）持合い比率は持合い株式時価総額の上場株式総額に占める比率

（出所）ニッセイ基礎研究所「株式持合い状況調査」

際しては、他の融資銀行に迷惑をかけることなく破綻処理したり、企業再生を図ったりするという代表的監視者機能は大幅に低下してしまいました。

さらに、株価の長期的な低落傾向のもとで、時価会計の導入により、株式を時価で評価して、含み損が出る場合は、損失として処理しなければならなくなりましたから、企業にとっても銀行にとっても、株式を持ち合って、含み損を拡大することは、経営の不健全化につながるようになりました。収益率が低い、あるいはマイナスの株をいつまでも持ち続ければ、持ち続けた企業自身の株価の下落を招きます。そのため、株式持ち合いを解消して、持ち合い株を売却する企業と銀行が増え、株式持ち合い制度は崩壊しつつあります。

他方、銀行の「不倒産神話」が崩れたバブル崩壊後は、金融システムの危機管理機能が重要になりましたが、それまで、護送船団行政にどっぷり漬かっていた旧大蔵省には危機管理機能がまったくないことが判明します。

こうした事情から、企業内部の統治機能の改革と、株主や預金者自身による経営監視が求められるようになっています。そこで次に、企業内部の統治機構の改革について説明しましょう。

†内部の監督の強化と「執行と監督の分離」

第三章で、二〇世紀に、「所有と経営の分離」が進んだことをお話ししましたが、日本で九〇年代後半から進んでいるのは、「執行と監督の分離」です。

株式会社には株主総会で選ばれた取締役がメンバーになった「取締役会」があります。取締役会は取締役の中から代表取締役を選び、監督するとともに、重要な案件を決定する機関です。

しかし、取締役を会社内部の者だけで構成すると、株主などの外部の者の利益が損なわれたり、経営責任があいまいになったりする可能性があります。他の取締役の責任を追及すれば、やがて自分にも火の粉が降りかかることを覚悟しなければなりませんから、どうしても内部者による責任の追及は甘くなってしまうからです。

九〇年代以降、企業収益が悪化する中で、株主を中心にこうした取締役会に対する不満が高まりました。最近は、外国人の日本株式投資が盛んですが、それを反映して、ソニーのような外国人持ち株比率の高い企業ほど、そうした株主の不満にさらされるようになり、アメリカ流の社外取締役の導入などの経営組織改革が進んでいます。

そうした経営組織改革を後押しするように、商法の特例法で「委員会等設置会社」という仕組みが導入され、ソニー、東芝、日立製作所などがその導入に踏み切っています。

この仕組みを採用した企業は、取締役会の中に新任取締役の候補者を決める「指名委員会」、取締役の報酬を決める「報酬委員会」、会計監査を担当する「監査委員会」を設置しなければなりません。その際の特徴は、委員の過半数は会社の外部から選ばれた「社外取締役」でなければならないという点です。これにより、会社内部の者がもっぱら自分たちの利益だけを求めて、重要事項を決定することを防ごうというわけです。

もう一つの特徴は、会社の仕事を取り仕切る「執行役」を導入し、取締役の仕事の一部を執行役に任せることにしたことです。

これまでは、自らも事業を執行する人が、取締役として部下の仕事を監督してきました。執行と監督が分離していないと、責任の所在があいまいになりがちです。そこで、取締役は監督に専念し、執行役は業務の執行に専念することにし、両者の仕事を分離する仕組みを導入しました。取締役は株主総会の承認が必要ですが、執行役は取締役会だけで決めることができます。これにより、迅速な経営が可能になると期待されています。

†機関投資家と株主総会の機能への期待

以上のような会計制度の改革や「委員会等設置会社」の仕組みの導入は、経営の透明性と責任の明確化につながると期待されています。しかし、〇一年から〇二年にかけてアメリカで起きた一連の不正経理事件にみられるように、企業外部の者による厳しいチェックがなければ、会社による不正はなくなりません。この点で、今後ますます役割が重要になるのは、機関投資家と株主総会でしょう。

すでに述べましたが、日本ではこれまで、機関投資家は経営監視機能を発揮してきませんでした。同様に、取締役の承認などの重要な機能を持っているはずの株主総会も、実質的には機能してきませんでした。無茶苦茶なことを主張して株主総会を混乱に陥れようとする「総会屋」をいかに封じ込めるかが、株主総会の最大の課題といっておかしくない状況が、最近まで続いてきました。取締役を実質的に決めるのは取締役会であって、株主総会はその決定を追認するだけでしたし、その他の株主総会の決議事項についても、取締役会が決定したことを「しゃんしゃん」と賛成するだけということが、少なくありませんでした。

会社の外部の者がこうした機能停止状態では、いくら取締役会などを改革しても、企業統治はうまくいかないでしょう。しかし、最近は、少しずつですが変化が現れています。例えば、厚生年金基金連合会などの機関投資家は、株主総会で、長期にわたる業績不振の責任を取るべき取締役が再任候補になっていたり、彼らに高額な退職慰労金を支給したりする事案に、積極的に反対投票するようになっています。

「委員会等設置会社」は導入されたばかりですし、機関投資家も株主総会で声を出し始めたばかりですので、今後、日本の企業統治がうまく機能していくかどうかは予断を許しません。必ずしも企業経営に精通しているわけではない機関投資家などが、機械的なルールを作って株主総会の決定を左右するようになれば、長期的には、かえって株主の利益は損なわれるかもしれません。

しかし、市場の働き具合を左右する制度や法律は完璧なものではなく、絶えず、実態に合わせて改革していくものです。改革の仕方により、市場の働きは良くも悪くもなります。そうした絶えざる改革の努力もせずに、市場がうまく働かないからといって、政府の介入に頼ろうとすることは、結局は市場の悪質なものを淘汰するという機能を損なうことになり、避けるべきでしょう。

†もっとも重要なのは市場を競争的に保つこと

右のような企業統治の仕組みの改善は重要ですが、それにも増して、企業の株主と顧客の利益にとって重要なことは、市場を競争的に保つことです。市場が競争的であれば、株主や顧客の「退出」と「声」による企業に対する改善効果が高まるからです。独占は競争的な場合よりも高い独占利潤を企業に保証しますから、株主の利益になると思われるかもしれません。しかし、そういう株式を買っても、すでにその株価は高い独占利潤を織り込んで高くなっていますから、独占利潤が高いからといって大きな値上がりを期待できるわけではありません。それよりも、競争的な市場で、絶えず顧客の「退出」と「声」に応えながら、革新に挑戦している企業の株式のほうが大きな値上がりを期待できるでしょう。

右で、政府の介入に頼ることに否定的な考えを示しましたが、政府に頼る政策といえば、「産業政策」があります。次章では、「産業政策」について検討しましょう。

第五章
産業政策と規制改革

日本には、戦後、政府の産業政策がうまくいったので、高度成長が実現したという考えが根強く存在します。この考え方によると、日本のような後発国にとっては、先進国に追いつく（キャッチ・アップする）までは、アメリカ経済に代表される自由な市場経済よりも、政府主導の開発型経済政策が効果的であるといいます。

この考え方は、第一章で紹介した、「イギリスが戦後、アメリカにキャッチ・アップするのに遅れをとったのは、多くの産業を国有化し、競争を制限するような規制政策を採ったからだ」というサッチャー政権の考え方とまったく逆の考え方です。

それでは、「日本が欧米、特に、アメリカにキャッチ・アップするまでは、産業政策は有効だった」と主張する人たちは、キャッチ・アップした後はどう考えているのでしょうか。この点については、この考え方の主張者の考えも一様ではないようですが、どちらかというと、自由な市場経済が比較的高い成長を続ける上で有利だと考える人が多いようです。

日本でも九〇年代後半以降、経済停滞が長引く中で、それまでの「産業政策は高度経済成長に寄与した」とか「日本システムは世界に誇れる効率的なシステムだ」といった主張とは正反対の、規制緩和や政府関係機関の民営化を求める声が高まり、〇一年四月には、構造改革を政策課題の筆頭に掲げる小泉純一郎内閣が誕生しました。

そこでこの章では、戦後の産業政策は日本経済にどのような効果を発揮し、なぜ九〇年代以降、産業政策が後退し、代わって規制緩和や民営化への声が高まったのか、実際にどの程度規制緩和が進み、どのような効果を持ったのかなどを検討しましょう。以下では、規制緩和と民営化とを総称して、規制改革と呼びます。なお、規制改革の流れを継承する小泉改革については、次章で検討することにします。

1　戦後の産業政策はどのように機能したか

†産業政策の根拠はなにか

産業政策とは、「政府が特定の産業に属する企業の行動に介入したり、企業に補助金を与えたりして、当該産業を保護したり、育成したりする政策」をいいます。この定義では、政策の対象とする産業は何でもよいことになります。

しかし、「戦後日本の産業政策は高度成長の実現に寄与した」と主張する人々が念頭においている産業政策は、右のような広い意味での産業政策ではなく、旧通産省（現在の経済産業省）による製造業に対する産業政策であると考えられます。実際に、「産業政策とは通産省が行う政策である」という名（迷？）定義があります。そこでここでは、この旧通産省が行った産業政策を、狭義の産業政策と定義しましょう。それでは、狭義の産業政策の根拠は何でしょうか。

その根拠の一つに、幼稚産業保護論があります。これは、後発国が自動車のような産業を自由な貿易競争にさらすと、国内企業は自立できないが、一時的に自由な貿易競争から保護してやれば、国内企業は自立でき、自立した後に、貿易を自由化すべきだという考えです。

自国の自動車産業が成立するには、原材料の輸入、部品の生産、生産された部品の組み立てなどについて、企業間のネットワークが形成される必要があります。しかし、貿易を自由にしておくと、安くて良質な輸入車との競争に負けてしまい、自動車産業が成立するためのネットワークを形成できません。ネットワークが形成されるまで、自動車産業を貿易から保護すれば、国内自動車産業は外国の自動車産業と対抗できるようになり、国益にもかなう、というわけです。

しかし、政府はどの産業またはどの企業を自由貿易から保護すれば、その産業や企業が将来自立して、外国企業と競争できるようになるのかを、どうやって知ることができるのでしょうか。右のような保護・育成の根拠を持ち出すと、かなり多くの産業が保護・育成の対象になりかねません。

それでは、多くの産業を同時に保護・育成できるでしょうか。ある産業を保護・育成するためには、市場を自由にしておいた場合よりも、その産業により多くの原材料、機械、労働、お金などを政策的に配分しなければなりません。例えば、お金の配分については、政府が指定した企業にだけ、借り入れに際して税金で補助してやり、補助金込みの金利を自由な市場で借りる場合よりも低くしたり、あるいは、政府の信用でお金を集めて、当該企業に市場で借りるよりも低い金利で貸したりする必要があります。第六章で説明しますが、日本の郵便貯金と政府金融機関との組み合わせは、この後者の方法に相当し、政府はこの組み合わせを利用して、中小企業などに市場よりも低い金利でお金を配分してきました。

しかし、原材料、機械、労働、お金などには限りがありますから、すべての産業を保護・育成するわけにはいきません。政府は候補としてあげられる産業の中から、保護・育成すべき産業を選び出さなければなりませんが、政府にそれを選び出す能力があるでしょうか。ビジネスに疎い政府、具体的には、官僚にその能力があるとは思えません。

†責任をとらない主体には任せられない

一番の問題は、政府が保護した企業がいつまでたっても自立できない場合に、どのように政府は責任をとることができるかです。官僚が特定の産業を保護・育成産業に指定したとして、彼らには失敗したときの責任をとる方法はありません。税金を元手にして企業に配ったお金を、産業政策が失敗したからといって、官僚に賠償させるわけにはいきません。彼らにそんなことを要求したら、誰も官僚になろうとしないでしょう。

一方、政治家が国会で特定の産業を保護・育成の対象に指定したとすると、彼らは選挙で落とされることによって、産業政策失敗の責任をとらされる可能性がありますから、まだましかもしれません。しかし、落選と産業政策の失敗とはほとんど関係しないのが普通です。むしろ、特定の産業政策に反対したために、当該産業の反発を受けて落選する可能性のほうが大きいでしょう。というのは、保護・育成してもらいたいような産業は、政治家の当落を左右するほどの影響力を持っていることが少なくないからです。

それでは、失敗しても責任をとらない人たちに、産業政策を任せられるでしょうか。競争市場では、経営に失敗した経営者は辞めなければなりませんし、失敗した企業は淘汰されてなくなってしまいますから、従業員は職を失ってしまいます。また、職を失わないまでも、うまくいかなければそれだけ所得は減ってしまいます。そうしたリスクがあると、経営者も従業員も失敗しないように、一生懸命努力するでしょう。ところが、経営者や従業員と違って、官僚や政治家にはそうしたリスクがなく、産業政策の失敗のつけは納税者に回せばよいわけですから、失敗しても自分の懐は痛みません。

失敗のつけを他人に回せる限り、官僚や政治家には「保護・育成すべき有望な産業を見つけ出す能力」を形成する誘因がありません。誘因のないところに、能力は形成されるはずがありません。むしろ、官僚は仕事を拡大したくなり、次々に新しい産業政策の対象を求めるようになりがちです。

もしも産業政策が必要であるとしたら、それは失敗の責任をとれない政府に任せたほうが、失敗による損失を被る人たちに任せるよりも、国民全体としてより大きな利益が得られる場合です。しかし、そうしたケースはなかなか思いつきません。結局、責任をとれない人たちに、産業政策を任せるわけにはいかないということになります。この産業政策の原理は、個々の官僚の優秀さや政治家の誠実さとは関係なく成立する原理です。個々人が優秀か誠実かということと、国民負担に見合った責任をとれるかということとは別問題だからです。

†経営者と株主は国民でなければ損をするか

産業政策の対象として取り上げられる産業の例として、自動車産業を取り上げましたが、そのほかよくあげられる例としては、大型計算機産業や半導体産業などがあります。これらの産業においては、立ち上げのために、私企業では負担しきれないようなコストがかかるといわれ、政府の助けを借りて先に立ち上げた国が有利になるといわれます。しかし、これらの企業は国内企業である必要があるでしょうか。株主も国民である必要はあるでしょうか。

第三章で述べましたが、中国などの発展途上国は産業政策によって自国の企業を保護・育成するのではなく、自国への直接投資によって外国から企業を呼び込み、外国企業の先進的な経営資源をどんどん取り入れて、急速に成長しています。それに対して、産業政策支持者は、直接投資により呼び込んだ企業の株主が外国人であると、膨大な利益を外国に持っていかれてしまうから、政府の助けを借りてでも、国内株主からお金を集めて国内企業を立ち上げたほうが、膨大な利益を国民のものにすることができると主張します。しかし、企業はうまくいく場合もいかない場合もあります。うまくいかなければ、株式は紙くず同然になってしまいます。膨大な利益はこの大きなリスクを負担することに対する成功報酬です。蓄積のない後発国には、そうした大きなリスクをとれるだけの資金提供者はいないか、いても十分でないのが普通です。産業政策とは、そういうリスクのとれる資金提供者が国内にいないので、資金を税金で強制的に集めることによって、無理やり国民全体を巻き込む政策といえるでしょう。

それよりも、外国の株主に、企業の立ち上げに伴う大きなリスクを負担してもらって、先発国の優れた経営資源をどんどん吸収したほうが、はるかに発展途上国の国民の利益になると思います。

†イギリスのウィンブルドン現象

直接投資の導入が利益になるのは、何も発展途上国だけではありません。マーガレット・サッチャー元英国首相によって主導された規制改革以降、イギリスの生産性が向上した主たる理由の一つは、積極的な直接投資の導入でした。イギリスの製造業で有名な企業は何かとイギリス人に聞けば、例えば、「トヨタです」といった答えが返ってくるでしょう。日本人は「それは日本の会社だ」というでしょうが、「イギリストヨタ」は立派なイギリスの自動車会社です。

金融を大幅に自由化したため、イギリスの金融機関、特に、多くのマーチャント・バンクはアメリカなどの外国企業に買収されましたが、その後大きく成長したものが少なくありません。例えば、イギリスのミッドランド銀行は香港上海銀行の子会社になり、現在はHSBC銀行の名でイギリス四大銀行の一角として営業しています。自動車会社の名門ジャガーやランド＝ローバーはアメリカの自動車会社フォードに買収されました。

こうした外資によるイギリス企業の買収により、多くの企業が外資系になったことは、活躍するのはイギリス人選手ではなく、ほとんど外国勢ばかりであるウィンブルドンの全英テニス選手権になぞらえて、「ウィンブルドン現象」と呼ばれています。

しかし、イギリスの金融の中心であるシティーは、「ウィンブルドン現象」のお陰で、ニューヨークと肩を並べる国際金融都市の地位を維持し続けています。まさに、鄧小平の「黒い猫でも白い猫でも、ネズミを取る猫はいい猫だ」を地でいっているのが、サッチャー改革以降のイギリスです。

以上のように、狭義の産業政策の根拠は薄弱で、むしろ、経済成長を阻害する可能性のほうが高いと思われます。それでは、実際はどうだったのでしょうか。

†狭義の産業政策は高度経済成長に寄与したか

狭義の産業政策については、高度経済成長に寄与したとする考えが「通念」になっていますが、三輪芳朗、J・マーク・ラムザイヤー『産業政策論の誤解』(東洋経済新報社)は、この「『通念』は、明確な証拠に基づかないという意味で根拠のない見方であり、観察事実と整合的ではないという意味で誤りである」(九頁)と断定しています。

彼らは、六〇年代の(本書の狭義の)「産業政策」と呼ばれているもののうち、「海運再編成政策と三光汽船」、「繊維工業政策と日清紡事件」、「石油政策と出光事件」、「行政指導と住金事件」といった、当時メディアで話題になった旧通産省と一部企業とが対立したケースを取り上げて詳細に分析した結果、いずれも旧通産省と対立した企業に対して有効な制裁措置がとられなかったことを明らかにしています。これから、彼らは、「産業政策」を実施したとされる省庁(多くの場合、旧通産省)は個別の企業や産業などの民間経済主体の行動に重大な影響を与えうる有効な「政策手段」を持っておらず、したがって「産業政策」は実施されなかった、実施されなかったのだから「産業政策」が高度経済成長に貢献することもなかった、という結論を導いています。

それに対して、「旧通産省は行政指導という政策手段を用いて、民間企業に『産業政策』で決定されたことを遵守させた」という考え方も支配的ですが、三輪、ラムザイヤーは行政指導には強制力がなく、まれに、それに従わない企業との間に騒動が持ち上がることもあったが、結局は、行政指導に従わない企業の意向が通ったことを明らかにしています。

もっとも、たとえ企業が旧通産省の行政指導に従ったとしても、「行政指導が効力を発揮して、高度経済成長に貢献した」とはいえません。というのは、行政指導する旧通産省と行政指導を受ける企業とは、お互いに意思の疎通を図りあって、行政指導の中身を決めるのが普通だからです。つまり、行政指導は多数の企業の意向を反映して実施されるのが一般的です。そうでなければ、もともと行政指導には法的な強制力はありませんから、旧通産省は企業と行政指導をめぐって対立ばかりすることになってしまいます。旧通産省に限らず、省庁はこうした企業との対立を避けようとしますから、行政指導は業界の多数企業の要望に沿ったものになります。その結果、一見、企業はおとなしく行政指導に従ったように見えるのです。

しかしそうなると、競争を避けたい企業が旧通産省に働きかけて、競争を制限するような行政指導を実施させるといった可能性がでてきます。その場合には、行政指導は高度経済成長に貢献するどころか、阻害することになってしまいます。こうした可能性をなくすには、公正取引委員会による競争政策が重要ですが、それについては、この章の最後で触れます。

著者も、三輪、ラムザイヤー両氏と同じように、旧通産省の「産業政策」は「戦後の経済成長に貢献した」という「通念」は誤解であると思います。それよりも、第一章で述べたように、旧通産省の貿易自由化政策のほうが、製造業の生産性の向上と高度経済成長に大きく貢献したと考えられます。むしろ、「通念」とはまったく逆ですが、「旧通産省の『産業政策』が有効でなかったことが、製造業の競争を制限することなく、生産性向上や新製品の開拓などをもたらし、高度経済成長に貢献した」と考えられます。

†成立しなかった「特振法」と本田の抵抗

旧通産省の「産業政策」については、旧通産省事務次官の佐橋滋氏と本田技研工業（ホンダ）の創始者本田宗一郎氏との対立がしばしばエピソードとして語られています。

当時、旧通産省は六〇年代初めに予定されていた乗用車の輸入自由化を控えて、国産車は壊滅的打撃を受けるのではないかと心配していました。六〇年の時点で、日本には、トヨタ、日産、いすゞ、東洋工業（現在のマツダ）など九社が乗用車を生産していました。旧通産省は、狭い日本の乗用車市場に零細メーカーが九社もひしめき合って、小さなパイを奪い合っているところに持ってきて、アメリカの自動車が怒濤のごとく入ってくれば、吹けば飛ぶような日本メーカーはたちまちのうちに駆逐されてしまうだろうと心配したのです。そこで、旧通産省は自動車産業を再編成して国際競争力をつけることが重要と考え、六一年に「グループ化構想」を発表します。

これは、自動車会社を、①量産車グループ（二社）、②特殊乗用車（高級車・スポーツカーなど）グループ（二、三社）、③軽自動車生産グループ（二、三社）に分け、各グループはそれぞれの乗用車の生産に特化するという構想です。この構想が実現すると、当時、オートバイ・メーカーとしてはすでに成功を収めていたものの、乗用車はまだ生産していなかった本田は、乗用車を永久に生産できなくなってしまいます。ですから、乗用車生産への進出を考えていた本田の危機感は相当のものだったと推測されます。本田宗一郎氏は八三年のテレビ・インタビューで、当時、通産省事務次官だった佐橋滋氏に会って、「特振法とは何事だ。おれにはやる（自動車をつくる）権利がある。うちは株式会社であり、政府の命令で、おれは動かない」（九五年二月五日、ＮＨＫテレビ〔ＢＳ１〕『戦後経済を築いた男たち』による）と主張して譲らなかったそうです。

さて、このグループ化構想は、後に、特定産業振興臨時措置法（以下、特振法）案に盛り込まれました。特振法は貿易自由化を控えて、旧通産省が国際競争力の弱いと判断した自動車、石油化学、特殊鋼の三業種を特定産業に指定して、合併などにより再編成することを目的としていました。

同法案は六二年三月を最初に三度国会に提出されますが、結局、成立しませんでした。特振法が成立しなかったのは産業界から支持を得られなかったからです。自動車についていえば、乗用車へ進出できなくなる本田が特振法に猛烈に反対したのは当然ですが、他の自動車会社も競争が緩和されることは歓迎したものの、特定の車に生産を限定されることを嫌って賛成しませんでした。

もしもこの特振法が成立していたならば、今日の乗用車メーカーとしての世界のホンダはなかったでしょう。これは産業政策が葬られたことが成功をもたらしたという、「通念」にとっては皮肉な成功物語です。

†産業政策の対象にならない産業が伸びた

さらに、注目すべきは、三輪、ラムザイヤーの前掲書が指摘するように、「宅配便、スーパー・マーケット、コンビニエンス・ストア、ファースト・フード、ファミリー・レストラン、人材派遣」など、旧通産省の「狭義の産業政策」が実施されなかった産業で、急成長し、消費者の利益に貢献している企業がたくさんあることです。

トヨタも、キヤノンも、ソニーも、ホンダも、松下電器も、産業政策のお陰で成功を収めたわけではありません。国際競争の中で鍛えられて今日を勝ち取っている企業ばかりです。私には産業政策のお陰で成功を収めた企業を思いつくことができません。

むしろ、旧通産省の「大型店舗出店規制法」(以下、大店法)のように、産業政策が産業の発展を阻害した例のほうが思い浮かびます。大店法は大型店舗の出店を制限するもので、スーパー・マーケットの発展を阻害し、長い間、日本の流通業の効率化を遅らせてきました。これは、七〇年代の最初に導入された広義の産業政策で、零細な小売店を大型店との競争から守ることにより、生き残れるようにするという、「零細小売店保護政策」です。しかし、この保護政策によっても、零細小売店の減少は止まりませんでした。それは多くの零細小売店が消費者のニーズに応えられなかったからです。原田泰氏は、この「大店法」を、七〇年代に導入されて、日本の経済成長の低下の原因になった「社会の安定装置」のひとつにあげています（原田『1970年体制の終焉』東洋経済新報社）。

†銀行業に対する護送船団行政とその弊害

顧客にとって望ましい方向での産業の発展を妨げたという意味では、銀行業をはじめとする金融・証券業に対する競争制限的な産業政策があげられます。

産業政策というと、右に述べたような製造業に対する政府の介入政策を指すことが多いのですが、この章の広義の定義では、戦後の銀行業、証券業などの金融業の保護・育成政策も産業政策の一つです。ここでは、銀行業に対する産業政策をみておきましょう。

旧大蔵省（現在の財務省）は一九二〇年代に起きた多数の銀行倒産とそれに伴う銀行取り付け

騒ぎや企業の連鎖倒産などの混乱に懲りて、戦後は「一行たりともつぶさない」という方針の下に、長い間、銀行同士や銀行と他産業との競争を制限するという銀行保護行政を続けてきました。この銀行行政は護送船団行政と呼ばれています。護送船団とは一番船足の遅い船に合わせて、船が船団を組んで進むことをいいます。つまり、一番コストが高く、効率的でない銀行でも生き残れるように、競争を制限する政策が護送船団行政です。

例えば、銀行が高い預金金利をつけたり、独自の預金商品を売り出したりして、預金獲得のための競争をすることを禁止する政策です。この政策の下では、コストの高い、非効率な銀行でも生き残れるように競争が制限されます。例えば、駅前には、たくさんの銀行が支店を並べていますが、その中には、客が少なく、どう見ても採算が取れそうにない支店を見かけます。つい最近まで、合併した銀行の二つの支店が交差点をはさんで営業し続けるといった光景もまれではありませんでした。

比較的効率的な銀行は、銀行保護行政のもとでやっと生き残れるような銀行よりも、コストを引き下げて営業できますから、そういう銀行には、もしも銀行業が競争的であったならば、とうてい得られなかったような高い利益が生まれます。この利益のかなりの部分は、製造業のように国際競争にさらされている産業よりも高い給与として、大手行などの銀行員に分配されてきたと考えられます。これが最近まで、大手銀行など、銀行の中では比較的効率的な銀行の給与が、国際的に活躍する有名な製造業の給与よりも高かった理由です。

このようにして、旧大蔵省は護送船団行政によって、競争的な市場ではとうてい得られないような高い利益という甘い蜜を創り出し、その甘い蜜を官僚と金融界が戦後の長い間、吸い合うという構図ができあがりました。甘い蜜はそれに群がる多くのヒトとモノを生み出します。銀行は高給を提供するがゆえに、優秀な大卒を大勢集め、ビジネス街や駅前、商店街などの一等地に立派なビルを構えました。天下り官僚を個室、秘書、車付きで迎え入れ、MOF（Ministry of Finance＝大蔵省）担と呼ばれる銀行の旧大蔵省担当者は、旧大蔵官僚を高級料亭で接待してきました。銀行は午後三時にはシャッターを下ろしてしまうので、利用者にとって不便ですし、商店街にとっても迷惑です。預金金利が低く規制されたおかげで、銀行にとって預金はもっとも安い資金でしたから、銀行は預金獲得競争に明け暮れ、優秀な大卒社員はどぶ板を踏んでの預金獲得に汗を流したものです。この頃、欧米の金融界は、最先端の理論を駆使した金融工学で武装し、デリバティブや証券化といった最新の金融商品を開発していましたが、旧大蔵省は預金獲得のための景品の額や量までも規制する一方で、デリバティブなどの新金融商品は日本にはなじまないという理由で規制しました。これは、旧大蔵省と金融界の結託による蜜の独占行為といっても過言ではなく、銀行の顧客（お金を借り入れる企業や家計と預金者）の利益を損なうものでした。

しかし八〇年代後半以降、金融自由化による自由競争の風が入ってくるにしたがって、甘い蜜は急減しました。バブル崩壊後は、銀行は巨額の不良債権を抱えて苦しみ、銀行の数も銀行員も過剰なことが明らかになり、銀行業にもようやくリストラと合併・統合の嵐が吹き始めました。銀行の店舗は〇四年三月末現在、一〇年前に比べて三千店（一八％減少）も減少し、それに伴って行員も過去一〇年間で一六万人（三五％）も減っています。これは主として、銀行が統合・合併するたびに、店舗と従業員を減らしてきたためです。

このようにして、銀行は遅まきながらも、ようやく効率化、生産性向上への道を歩み始めたといってよいでしょう。

2 規制改革への転換

†中曽根政権の民営化と規制緩和

九〇年代に入って、長期にわたって経済が停滞したため、停滞から脱出するには、企業の行動を制限している規制を撤廃ないし緩和し、公団や公庫などの政府機関を民営化することが重要だという考え方が有力になりました。しかし、民営化・規制緩和、すなわち規制改革の流れは、すでに八〇年代前半の中曽根政権の時代から始まっていました。それが、バブル経済で景気が良くなったため、一時棚上げになっていたのが、九〇年代に入って、バブルが崩壊し、景気が悪くなって復活しました。そこでまず、中曽根政権の規制改革がもたらした効果からみておきましょう。

中曽根政権の規制改革は、当時の主要先進国の経済政策の潮流に影響を受けています。

アメリカでは、レーガン大統領の「レーガノミックス」と呼ばれる経済政策の下で、規制改革が進められていました。七〇年代のアメリカは生産性上昇率が大きく低下して、経済成長率が落ち込み、多くの製造業が日本や西ドイツとの競争に負けて、撤退や縮小を余儀なくされていました。レーガン政権はその大きな原因のひとつは、競争を制限する規制にあると考えたのです。

一方、この時期、イギリスでは保守政権が久しぶりに誕生し、サッチャー首相の下で、大胆な民営化と規制緩和が始まります。これも、同政権が「英国病」と呼ばれたイギリスの戦後の長期経済停滞の原因を、国有企業の存在、企業の効率化に向けた行動を制約する労使関係および競争を制限する規制に求めたからです。サッチャー改革は、鉄道業のように民営化後も多くの課題を抱えた産業（一六七ページ参照）もありますが、全体的にみれば、イギリスの生産性の向上に結びつき、主要国との生産性格差を縮小し、英国病の克服に成功したと評価できるでしょう。

こうした規制改革の流れを受けて、中曽根政権のもとで、八五年四月一日に、日本電信電話公社（電電公社）が民営化されてNTTになり、八七年四月一日には、日本国有鉄道が民営化されて六つの旅客鉄道会社と日本貨物鉄道会社に分割されました。

電電公社の民営化とともに、電気通信事業への新規参入を可能にする規制緩和が実施され、八七年には長距離電話に民間三社が参入し、長距離電話の分野でサービス・値下げ競争が始まりました。同年には、NTTが携帯電話サービスを開始しましたが、翌年には日本移動通信（IDO）が参入して、この分野でもサービス・値下げ競争が始まりました。

最近では、IP電話というインターネットを利用した電話サービスも始まり、電話産業ではますますサービス・価格競争が激化しています。こうした競争激化のもとで、例えば、NTTの三二〇キロから五〇〇キロの平日昼間三分あたりの料金は、八三年三月の四五〇円から〇一年一月にはなんと四〇円へと十分の一以下に下がっています。

国際電話でも、規制緩和と民営化によって競争が激化し、料金の引き下げが続いており、電話サービスは消費者が民営化・規制緩和の恩恵を一番感じることのできる分野になっています。

しかし、これだけ電話料金が下がってみると、いったい電電公社時代の高い電話料金はなんだったのかという思いがします。電電公社の民営化と電気通信事業の規制緩和は、売り手が競争せずにすむことが、いかに消費者の利益を損うか、売り手間の競争がいかに大切であるかを肌で感じ取れる格好の例といえます。

国鉄の民営化と規制緩和も電話のケースと同じ効果を持ちました。国鉄の民営化後すぐに変わったことは、トイレがきれいになったことでしょう。次に、自動改札機の導入です。それまでも

下がる長距離通話、下げ渋る短距離通話

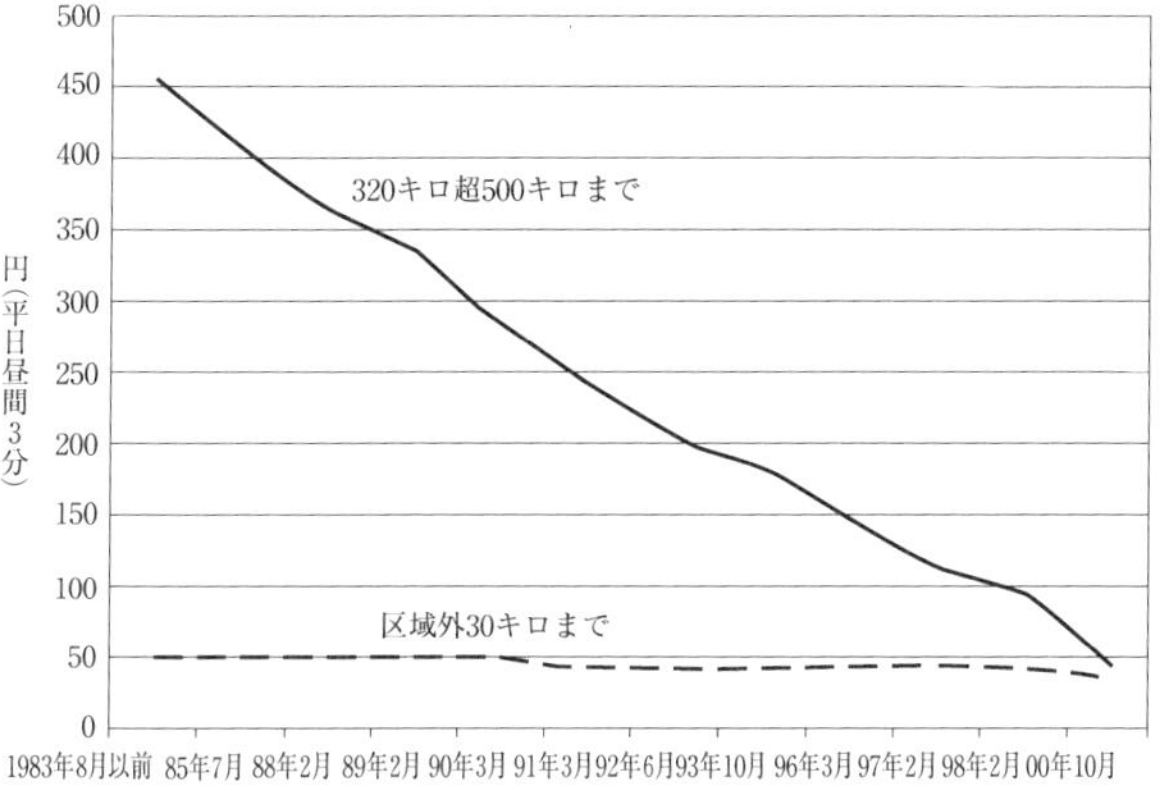

（注）NTT通話料金　　（出所）電気通信事業者協会

関西の私鉄では、自動改札機は普及していましたが、国鉄では労働組合の力が強すぎて、人員削減の原因になる自動改札機の導入はできませんでした。高い人件費と地元の反対で、地方の赤字路線をコストの安いバスで置き換えることができなかったため、国鉄の赤字は拡大を続けていました。この赤字は税金で穴埋めしなければならず、納税者の負担になります。この巨額な納税者の負担が国鉄民営化の最大の原動力でした。

国鉄民営化に伴う規制緩和によって、ＪＲは旅行代理業、コンビニ、レストランなどいろいろな事業を自由に展開できるようになり、消費者の利便性が高まっています。こうしたＪＲの他産業への参入は、それらの産業における消費者の利益につながるサービス・価格競争を促しています。

†九〇年代以降の規制改革

バブル景気でいったん頓挫した規制改革は、九〇年代後半から前にも増す勢いで進みました。この時期には、金融の自由化、車検の規制緩和、タクシーの運賃規制の緩和などが進展しますが、ここでは、すべてについて説明する紙幅がありませんので、電気通信、航空、電力の規制改革について説明しておきましょう。

まず、電気通信の規制緩和がいっそう加速されました。情報通信技術の進歩のおかげもあって、いまでは、全国どこでも三分八円以下で、加入者同士は無料というIP電話も登場しています。

国内航空の規制改革は八〇年代後半に始まりましたが、九四年以降、運賃割引の規制緩和が進み、料金は毎年のように引き下げられ、九八年には、羽田空港の新滑走路の供用開始に伴う発着枠の増加の中から新会社枠を設定したことにより、スカイマークエアラインズと北海道国際航空（エア・ドゥ）が新規参入し、サービス・価格競争が激しくなりました。

一方、電力事業は一〇社による地域独占が続いてきましたが、九五年以降、規制改革が進んでいます。九六年度からは卸売り電力の自由化に伴って、日立造船、昭和電工などの自家発電装置を持っている企業が卸売り電力に参入を開始しました。電力の卸売りとは電力を最終消費者に売る電力会社（従来の一〇電力会社）に電力を売ることをいいます。

電力会社は卸売り電力供給会社から安い電力を購入することにより、コストのかかる設備投資の伸びを抑えることができるようになるとともに、卸売り電力供給会社の資機材調達方法を参考にすることにより、コスト・ダウンへの取り組みが進んでいます。

さらに、〇〇年三月からは、特定規模電気事業者が特定の最終消費者に電力を売ることができる「小売り電力の部分自由化」も始まりました。ここに、小売り電力の部分自由化というのは、まだ従来の電力会社以外は、家計に電力を直接売ることができないからです。

小売り電力の部分自由化により、経済産業省（本省ビル本館及び別館）、三重県（県庁舎）、岐阜大学（柳戸キャンパス）、大阪府（本庁舎本館・別館など）などの大口需要者が、従来の電力会社からではなく、特定規模電気事業者から電力を買うようになりました。

この自由化では、電力会社が、これまでは営業地域ではなかった地域の大口顧客に電力を売ることもできるようになりました。こうして、大口の顧客にとって選べる電力事業者が増えれば、大口の顧客は質が同じであれば、料金の安いほうの事業者を選びますから、料金の値下げ競争を促します。さらに、将来の小売り電力の全面自由化が視野に入ってきたため、それに備えた電力会社のコスト・ダウンへの努力が促進され、大口顧客以外の小売り分野でも、値下げ競争が始まっています。

実際に、東京電力、中部電力、関西電力などの大手は九六年から〇二年にかけて、料金引き下げを実施していますが、〇四年七月現在、中部電力は〇五年一月から平均七%から一〇%の値下げを実施する計画を立てています(〇四年七月二八日「日本経済新聞」朝刊による)。この値下げは、関西電力などが中部電力の営業管内にあるトヨタ自動車などの顧客獲得を狙って、同地域への進出を検討しているため、それに対抗して、中部電力が先手を打って顧客を囲い込むための価格戦略です。中部電力はこうした値下げを人員削減や設備投資の大幅な抑制によって可能にしようとしています。

こうした値下げにより、電力の大口顧客だけでなく、小口の家計も間接的に利益を受けます。というのは、トヨタ自動車などの大口顧客の電力消費コストが下がれば、それは大口顧客が供給する製品やサービスの値下げにつながるからです。

†自由化の進め方を間違えると、顧客の利益にならない

しかし、電力の自由化を進めすぎると、〇二年にアメリカのカリフォルニア州で起きたような、電力料金の高騰・停電などが起きるのではないかと心配になるかもしれません。そこで、なぜ、カリフォルニア州でそうしたことが起きたかを考えてみましょう。

カリフォルニア州では、発電部門と配電部門を分離するという規制改革を実施しましたが、最終顧客に対する小売り電力料金の上限を規制しました。〇二年には、カリフォルニアでは原油と

ガス価格が高騰したため、供給が減る一方で、シリコンバレーにおける情報ハイテク産業の隆盛などにより電力需要は増えるばかりでした。配電会社は需要に何とか応えようとして、発電会社から電力を買おうとします。配電会社からの電力需要が殺到すれば、供給不足を反映して、発電会社が配電会社に売る電力料金、つまり、卸売価格は高騰します。しかし、規制によって小売り電力料金を引き上げることができなかったため、電力需要量を抑えることはできません。このようにして、小売り電力価格が上がらないまま、卸売り電力価格だけが高騰し、それでも十分な供給量が確保できず、停電が起きたのです。

この事例は、規制改革の仕方が不適切であれば、顧客の利益にならないことを示しています。このことを理解せずに、「自由化や国有企業の民営化により安定的な供給が確保できなくなる」とか、「自由化や民営化によって、サービスの質は低下する」といった自由化・民営化反対論に与することは、消費者の利益を損なうことになります。ですから、自由化や民営化そのものが悪いのか、自由化や民営化の仕方が悪いのかを見抜く目を持つことが必要です。

†イギリスの鉄道民営化は事故を増やしたか

民営化が悪いのか、民営化の仕方が悪いのかを考える上で、イギリスの鉄道の民営化は格好の材料を提供しています。

イギリスでは、九三年に、四八年以来、全国に鉄道サービスを供給してきた国有鉄道が分割・民営化されることになり、九四年に、線路、駅、信号機などのインフラを所有して、その維持・管理にあたる一社（レイルトラック）、車両を保有して維持・管理する数社、旅客鉄道サービス事業を行う二五社および貨物サービス事業を行う数社による供給体制が整いました。旅客鉄道事業会社は車両保有会社から車両を借り、使用料を払ってレイルトラック社が管理するインフラを使って電車を走らせることになります。このように、旅客鉄道事業会社（上）とインフラ所有会社（下）とを分離する方式を上下分離方式といいます。なお、各旅客鉄道事業会社については、特定の地域に運行サービスが限定されている点で、地域分割になっています。

イギリスでは、この鉄道の民営化以後、多くの列車事故が相次ぎます。中でも大きな事故は、九九年一〇月に三一名の死者を出したロンドンのパディントン駅近くの列車衝突事故と、〇二年五月に七名の死者と七〇名以上の負傷者を出したロンドン郊外ポッターズバーの脱線事故です。

こうした多数の死傷者を出す列車事故が後を絶たないため、イギリス鉄道の民営化は失敗だったという声が高まりました。しかし、実は、イギリスの鉄道事故は国有鉄道時代から多く、民営化以後、特に増えたわけではないのです。

イギリスの鉄道史上最悪の事故は、一九一五年五月二二日に二〇〇人以上の死者を出した衝突事故です。次が、国有鉄道時代の五二年一〇月一二日に起きた、二台の急行列車が衝突し、そこへ第三の列車が突っ込んで、一一二人が死亡し、三四〇人が負傷した衝突事故です。

その後の国有鉄道時代の事故で大きなものとしては、五七年一二月、九〇人死亡、一七三人負傷、六七年十一月、九〇人死亡、七八人負傷、七五年二月、四三人死亡、七四人負傷などの事故があります。国有鉄道時代の最後の重大事故は、八八年一二月一二日にロンドン市内に近いクラッパムの鉄道交差点（クラッパム・ジャンクション）で三五人の死者を出したラッシュアワー時の衝突事故です。

国有鉄道時代で、衝突や脱線などによる人身事故が比較的少なかったのは、五〇年代から六〇年代までで、七〇年代から増え始め、サッチャー改革時代の八〇年代半ばからは急増しています。七〇年代以降事故が増えた要因としては、鉄道需要の増加に応えて列車ダイヤや路線数が増え、鉄道交差点での混雑が大きく増大したにもかかわらず、増大する一方の国有鉄道の赤字を抑えようとして、安全対策のための投資と維持・管理を抑制したことが大きな要因であると考えられます。

イギリスの鉄道事故では、脱線事故もありますが、日本だったら考えられないような衝突事故が目立ちます。例えば、先のパディントン駅近くでの衝突事故は、運転手が赤信号を見損なったのが原因でした。信号は列車が下の橋から上がった直後にあり、運転手は信号の色を数秒しか確認できない配置になっていました。運転手も死亡しましたが、当日は、太陽光線を受けて信号が赤だったことをほとんど見分けられなかったと推測されています。

鉄道会社の運転手たちは、信号の位置が悪いと何度も苦情を当局に申し出ており、それまでも信号無視が何度も報告されていました。八八年のクラッパム・ジャンクションで起きた事故の調査報告書は、自動列車制御装置（ATC）をつけるように進言しましたが、費用便益分析結果を理由に、ATCは導入されませんでした。ATCとは信号が赤であれば、運転手が操作しなくても、自動的にブレーキが働いて列車が止まる装置です。パディントンの事故は九三年に鉄道が民営化された後に起きた重大事故ですが、同様の理由でATC導入の勧告は無視されました。

それでは、鉄道民営化後も事故が減らなかったのはなぜでしょうか。鉄道や航空会社などの運輸サービス産業の民営化と事故の関係については、次のような対立する二つの考え方があります。

第一は、民営化すると、企業は利潤ばかりを追い求めるようになり、コストのかかる安全対策をおろそかにし、事故が増えるという考え方です。これは、企業が利潤を追求すると、安全対策は後回しになるという考えです。

第二は、第一とは逆に、民営化すると、企業は事故により顧客が減れば、利潤も減るため、利潤を確保しようとして、適切な安全対策をとるようになるという考え方です。これは、企業が利潤を追求すれば、適切な安全対策が採られるという考え方です。

いずれが正しいのでしょうか。第一の考え方は、国有企業であっても、政府が納税者の負担になる赤字の増大を避けようとして、安全対策を怠る可能性があり、実際にも、イギリス政府はそうでしたので、妥当とはいえません。

他方、第二の考え方は、民営のスイスの鉄道や日本の私鉄は事故も遅れも少ない優れた鉄道ですし、日本国有鉄道も民営化後、事故や遅れは増えておらず、安全かつ正確であることなどを考えると、妥当な考えのように思われます。にもかかわらず、イギリスでは、なぜ、民営化後も事故が減らず、遅れもなくならないのでしょうか。その理由としては、次のことが考えられます。

第一は、国有鉄道時代からの過小な設備投資や維持・管理費用の節約による設備や車両の老朽化、増大する列車数や路線数を捌ききれない信号機などのインフラの陳腐化など、積年の通弊が、七〇年代以降、事故を増大させたことです。

第二は、民営化と規制緩和の仕方のまずさです。上下分離によって、インフラ所有会社が一社になれば、独占になり、競争原理が働きません。信号機などのインフラの不適切さを原因として衝突事故が起こっても、旅客鉄道事業会社は独占企業であるインフラ所有会社のインフラを使用する以外に方法がありません。旅客鉄道事業会社には、第四章で述べた「退出」の選択肢がないのです。そのため、インフラ所有会社は顧客を失って、利潤が減るリスクがありません。利潤が減らなければ、不適切なインフラを直そうとはしません。

もっとも、鉄道事故が続けば、長期的には、旅客が減ると思われますから、それに伴ってインフラ・サービス需要も減り、インフラ所有会社も損失を被るでしょう。その限りでは、独占企業でもインフラを整備して事故を減らそうとする誘因はあります。しかし、ある旅客鉄道事業会社の事故で、その会社の利用者が減っても、営業を続ける限りインフラ・サービスを利用せざるを得ませんし、他の旅客鉄道事業会社もインフラ・サービスを利用し続けますから、全国を合計したインフラ・サービスの総需要の減り方は小さいと思われます。その減り方は鉄道以外に便利な交通手段がなければ、さらに小さくなります。

イギリスの鉄道大事故を調べてみると、鉄道に代わる便利で早い通勤・通学などのための交通手段が少ない大都市またはその周辺（ロンドンでいえば、ロンドン市内の地下鉄網に接続する周辺）で、かつ、列車数も路線数も多いため、鉄道交差点（ジャンクション）が極めて複雑な地域で起こっています。右で、ロンドンのパディントン駅近くで衝突事故が起きたことに触れましたが、同駅は多数の路線が集まる終着駅かつロンドン市内の地下鉄乗換駅であるため、事故現場はイギリスでも信号機の配置がもっとも複雑なジャンクションです。

こういう地域こそ、安全対策のための十分なインフラ整備が必要ですが、事故が起きても、全国のインフラを所有する会社にとっては、全国を合計したインフラ・サービス総需要があまり減らないため、十分な事故防止対策をとろうとしません。

日本では、国有鉄道の民営化は、上下分離方式でなく、地域分割方式がとられ、ＪＲは線路や信号機などのインフラを所有して営業しています。また、東京や大阪などの大都市では、郊外まで延びる私鉄およびJRや私鉄に乗り入れて郊外までサービスを供給している地下鉄とが、JRに代わりうる路線を運行して、激しく顧客獲得競争をしています。そのため、インフラ整備を怠ったため事故が起きれば、JRは顧客を奪われ、それによって利潤も大きく減ってしまいますから、安全対策を怠りません。

以上から、民営化によって事故を減らすには、供給における競争を確保して、事故が起きれば利潤が大きく減るように制度を設計することが重要であることが分かります。日本では、東京や大阪などの大都市では、JRと代替的な私鉄や地下鉄網が存在することが、この競争条件を満たしています。道路渋滞の比較的少ない地方では、自家用車やバスがJRに代わりうる交通手段で、ここでも競争条件が確保されています。

イギリスでも地方は日本と同じ意味で競争が確保されていますが、ロンドン周辺のような大都市ではこの競争条件が満たされていません。競争条件を確保するには、ロンドン市内を走る地下鉄を郊外に延伸させることなどにより、代替交通手段を確保することが必要でしょう。

さらに、イギリスのように、上下分離方式で、インフラ所有会社を独占企業にするよりも、日本のように地域分割方式にし、上下を分離しないほうが事故を減らせると考えられます。というのは、上下分離会社でないほうが、全国のインフラを所有していない分だけ、事故による利潤の減少が大きくなると予想されるからです。

イギリスでも、あまりの重大人身事故と列車の遅れの多さに直面して、〇〇年頃から、安全対策の規制が強化されて、インフラ投資やインフラと車両の維持・管理に経営努力が注がれるようになりました。そのための工事で、今度は、運行サービスのキャンセルや遅れが多発するようになったため、イギリスでの電車や地下鉄の旅は、遅れやキャンセルを前提に計画を立てなければならず、非常に神経を使います。それに比べて、日本の鉄道と地下鉄のすばらしさは驚異的です(平成の長期経済停滞のため、首都圏では、経済的困窮者が電車に飛び込み自殺する人身事故で、遅れが目立ちますが、これは鉄道会社の責任とはいえないでしょう)。

なお、日本では、日本道路公団が上下分離方式で民営化されることになりましたが、この点については、第六章で触れます。

†役割増す競争政策

「産業政策」との関連で、公正取引委員会(以下、公取)の競争政策が重要であることを述べました。この競争政策とは、競争を阻害するような売り手の不公正な取引に対して排除命令を出したり、売り手の談合を告発して、制裁課徴金を課したりすることにより、市場の競争を維持しようとする政策です。

日本では、業者がカルテル（業者が価格や生産量などについて協定を結び、お互いに価格競争などをしないようにすること）を組んだり、公共事業の入札に当たって談合（これもカルテルの一種です）したりして入札価格を引き上げるといった事件が絶えません。ですから、規制緩和を進め、国営企業を民営化しても、カルテルなどにより競争が制限されれば、消費者の利益は損なわれます。そこで、〇四年現在、公取はカルテルに対する課徴金をこれまでの二倍に引き上げる法律を提案しています。新聞報道によると、この法案に、日本経団連と日本商工会議所が反対する一方、経済同友会は賛成しているとのことです。北城恪太郎経済同友会代表幹事は「そもそも談合やカルテルを行わなければ問題にならない」と公取案に大筋賛成だと伝えられています（「日本経済新聞」〇四年八月七日朝刊）。まさにそのとおりで、日本経団連と日本商工会議所が同案に反対するのは、今後もカルテルや談合を繰り返すという意思表明でしょうか。

これまで、市場の競争こそが、価格の低下、品質の向上、便利な新商品の開発、流通経路の効率化などの消費者の利益の源泉であることを述べてきました。このように考えれば、公共工事の談合による価格つり上げを防ぐには、公取の事後的な課徴金引き上げよりも、公共事業について一般競争入札を拡大するほうが効果的です。一般競争入札とは入札業者を指定せずに、入札競争させることをいいます。これまでは、一般競争入札は大型の公共事業に限られ、指名競争入札が一般的でした。指名競争入札は発注者である公的機関が入札できる業者を一〇社程度指名して入札させるものです。この入札方式ですと、誰が指名されたかが事前に分かってしまうため、指名を受けた業者が談合して、価格をつり上げることを防止できません。それに対して、一般競争入札であれば、入札業者が多数に上り、事前に誰が入札するかも分かりませんから、談合すること自体が困難になります。したがって、どの公共工事に対しても一般競争入札が採用されれば、公取が事後的に告発して課徴金を課す機会もほとんどなくなるでしょう。

右の意味で、競争政策とは公取の政策に限定されるものではなく、競争を維持・促進する政策一般と考えるべきです。

この章では、規制緩和や民営化によって売り手の競争を十分に確保することが消費者の利益になることを説明しました。そこで、次章では、構造改革を政府関係機関や財政や年金の分野にまで広げようとしている小泉改革について、少子・高齢化を考慮に入れながら考えてみましょう。

第六章 構造改革と少子・高齢化

第五章で、九〇年代に入って経済停滞が長引くにつれて、規制改革を求める声が高まり、実際にも、金融、電気通信、電力、運輸などの面で規制改革がかなり進んだことを述べました。〇一年四月に、小泉純一郎内閣が成立すると、同政権は「改革なくして、成長なし」というスローガンの下に、構造改革を一大看板にかかげます。この構造改革は基本的に九〇年代の規制改革と同じ考えに基づいていますが、民間部門の規制撤廃・緩和よりも、政府関係機関の民営化や、財政や年金制度の改革を主たる内容としている点に特徴があります。特に、財政や年金の改革は、ますます進展する少子・高齢化と深くかかわる重大な問題で、国民の関心も高い分野です。九〇年代以降のたび重なる経済対策で、国と地方を合わせた債務残高はＧＤＰの一六〇％（ＯＥＣＤの二〇〇四年度推計）にも達し、財政構造改革が大きな問題になっています。一方、〇四年七月の参議院選挙では、年金問題が最大の争点となり、自民党が議席を失う原因にもなりました。

この章で扱う郵政三事業の民営化、財政構造改革、年金改革などは仕組みが複雑であったり、聞き慣れない言葉が出てきたりして分かりにくい点が少なくありませんが、ここでは、複雑な仕組みには立ち入ることなく、なぜ改革が必要であり、改革の基本原則は何かといった、基本的な点に話を絞って説明したいと思います。

1 特殊法人改革と郵政三事業の民営化

†財政投融資と特殊法人

小泉首相といえば、昔から、郵政三事業（郵便、郵便貯金［郵貯］、簡易保険［簡保］）の民営化論者として知られています。このうちの郵貯の民営化が主張される背景には、財政投融資制度と特殊法人との関係があります

〇〇年度までは、郵貯は年金の積立金とともに、大蔵省資金運用部に預けられ、政府関係金融機関や日本道路公団などの特殊法人に融資されてきました。この全体の仕組みを財政投融資制度といい、この制度の下にある特殊法人を財投機関といいます。

財政投融資とは、「租税ではなく、有償資金、すなわち、金利を付して返済しなければならない資金を用いて、民間では困難な大規模・超長期プロジェクトを実施したり、民間金融では困難な長期資金を供給したりすることにより、財政政策の中で有償資金の活用が適切な政策分野に効率的・効果的に対応する仕組み」（財政投融資リポート二〇〇一、財務省ホームページより）と説明されています。しかし、政府金融機関や公団等の特殊法人の事業は民業圧迫である、無駄な事業

が多いなどといった批判にさらされ、その改革が小泉内閣の大きな課題になりました。

〇〇年度までは、特殊法人の資金調達源は大蔵省資金運用部に預けられた郵貯と年金積立金でした。そこで、特殊法人の無駄をなくすための財政投融資改革は、郵貯・年金積立金と特殊法人との関係を絶つことから始まりました。小泉内閣が誕生する直前の〇一年四月一日から、郵貯と年金積立金を資金運用部へ預ける制度（預託制度）を廃止し、自主運用することにしたのです。

この改革により、特殊法人は自ら財投機関債を公募発行して、市場で資金を調達することが原則になりました。例えば、特殊法人である日本道路公団が発行する財投機関債は日本道路公団債になります。財投機関債の発行により資金を調達するとなると、市場で評価されない特殊法人は資金調達が難しくなったり、リスクの大きい事業に従事していると、そのリスクを反映して財投機関債の発行金利が大きく上昇したりします。こうした市場の評価を受けることを通じて、特殊法人に対して効率化を図る動機づけが与えられると期待されたのです。他方、郵貯や年金積立金のそれぞれの所管官庁は、自主的な判断に基づいて、財投機関債を購入するかどうかを決定します。

ただし、財投機関債の発行では必要な資金を調達できない特殊法人は、政府が財投債を発行して調達した資金の貸付けを受けることができます。

〇一年度から郵貯を財投機関債や財投債で運用するかどうかは自主的に判断されることになり

ましたから、郵貯が資金運用部を通じて自動的に特殊法人に融資されるという関係は一応断ち切られました。しかし、郵貯の運用を一気に自由化すると、特殊法人の資金調達に支障をきたすため、〇七年度までは経過措置として、郵貯（簡保と年金資金も）の財投債引き受けを義務付けています。したがって、それまでは、これまでとほとんど変わらない状況が続くことになります。

注意すべきは、〇一年度の財政投融資改革は、財投債の発行を可能にしたために、改革の趣旨が骨抜きにされてしまったことです。財政投融資改革後も、財投機関債の発行額はわずかで、特殊法人の資金調達のほとんどは国の信用に支えられた財投債によって調達されています。これでは、特殊法人が財投機関債の公募発行によって市場の評価を受けることにより、その業務の運営効率が高まるというメカニズムは働きません。無駄な事業を止めない特殊法人でも資金調達が可能になってしまいます。

†特殊法人の民営化

そこで小泉内閣では、特殊法人による民業圧迫や無駄をなくすため、特殊法人を民営化する手段が一部でとられました。住宅金融公庫は銀行の住宅ローンの拡大を妨げており、民業圧迫だという理由で、道路公団は利用者が少ないため採算が取れない高速道路ばかりつくって赤字を垂れ流しているという理由で、ともに民営化が決まっています（〇四年現在）。

今後、住宅金融公庫は独立行政法人として、住宅ローンからは段階的に撤退し、住宅ローンの証券化事業に専念することになっています。住宅ローンの証券化とは、これまでの公庫住宅ローンや銀行の住宅ローンを担保にして、証券を発行し、投資家に売り出す仕組みです。この仕組みのもとでは、銀行は適当なときに公庫に住宅ローンを売って、貸出資金を回収することができますから、資金を長い間固定せずに、回収して、その資金を別の貸付などに使うことができて便利です。このように、銀行が住宅ローンを随時換金できるようになれば、銀行の住宅ローン金利は下がると期待されます。アメリカはこの方法で住宅ローン金利の引き下げを図ってきました。

一方、公庫は銀行から買い取った住宅ローンの元本と利子を担保として証券を発行し、それを投資家（生命保険や投資信託や銀行など）に売ることにより、銀行から住宅ローンを買い取る資金を調達します。

道路公団の民営化も決まりましたが、果たして、無駄な高速道路の建設が止まるのかと心配されています。というのは、民営化された高速道路会社には、政府が返済を保証したお金で道路を建設する道が残されているからです。建設した高速道路の採算が取れずに、道路建設資金を返せなくなったときには、政府が返済を肩代わりしてくれるということです。そうなれば、民営高速自動車道路会社が政府の要請する高速道路建設を断る可能性は小さくなると思われます。

道路公団の民営化では、道路を保有する組織（下）と道路を利用して有料道路事業を経営する組織（上）とを分離するという、上下分離方式が採用されました。しかし、上下を分離すると、右で述べたように、採算を度外視した高速道路が建設される可能性が出てきます。この可能性を完全に排除するためには、上下を分離せず、道路公団を民営化し、民営化された会社がその採算性を考えながら高速道路を建設・保有するようにすべきでしょう。この方式ならば、赤字を垂れ流しながら高速道路を建設すれば、民営会社は倒産のリスクを抱えますから、そうした高速道路の建設には歯止めがかかります。

さて、小泉内閣は二つの特殊法人の民営化を決めましたが、そのほかの特殊法人の民営化には興味がないようです。小泉内閣発足当時は、日本政策投資銀行、中小企業金融公庫、国民金融公庫などの政府金融機関も銀行の貸出先を奪っているという理由で、その民営化が考慮の対象になりました。しかし、その後、不良債権を抱えた銀行の貸出が減り続けたため、銀行に代わって、これらの政府金融機関の出資や貸出が大きく増え、中小企業などの倒産を防ぐ役割を果たすようになると、これらの民営化の話は立ち消えになってしまいました。

しかし、景気が回復して、資金需要が増え、銀行の不良債権処理も進めば、やがて銀行と政府金融機関の貸出とが競合し始め、ふたたび、民業圧迫の声が大きくなるでしょう。そのとき、また、これらの政府金融機関の民営化が政治課題になる可能性があります。

†なぜ、郵貯の民営化なのか

小泉内閣による政府関係機関の改革の仕上げは、郵政三事業（郵便事業、郵便貯金事業、簡易保険事業）の民営化です。まず、三事業のうちの郵貯事業（以下、郵貯）の民営化から考えましょう。

郵貯は現在でも財投債や財投機関債の購入を通じて、特殊法人に流れており、依然として特殊法人の主たる資金源になっています。そこで、「郵貯を民営化すれば、民間郵貯は倒産のリスクを抱えるようになるから、そのとき初めて、郵貯は自己責任でどの証券に投資するかを決めるようになり、現在のように郵貯がとうとうと特殊法人に流れるのをとめることができる」と小泉内閣は考えています。つまり、特殊法人の無駄や民業圧迫問題を、郵貯から特殊法人にお金が流れ出す「入り口」で完全に断つことにより解決しようというわけです。

郵貯の民営化が主張される背景には、特殊法人との関係以上に、郵貯の安全性、つまり、払い戻しを政府が保証しているため、銀行の業務を圧迫しているという、もう一つの問題があります。しかし、「郵貯は便利な存在で、なぜ、郵貯に政府保証がついているからといって、民営化しなければならないのかよく分からない。郵便局は銀行のように駅前一等地に大きな建物を構えて、豪華な店舗で高い人件費を払って営業しているのではなく、粗末で狭い建物で、給与も銀行員より低い局員によって運営されており、銀行よりも効率的ではないのか」というのが、多くの国民の本音ではないでしょうか。そこで、この点をやや詳しく検討しておきましょう。

もっとも重要なことは、郵貯の政府保証がどう機能しているかを理解することです。郵貯の政府保証とは、仮に郵貯に払い戻しが殺到して、払い戻しに応じきれなくなったときには、政府が税金を財源にして払い戻しに応ずるというものです。つまり、郵貯の安全性は最終的には納税者によって保証されているのです。

他方、銀行の預金は、銀行が破綻して払い戻しに応ずることができなくなった場合には、預金保険機構が預金者一人あたり元本一千万円とその利子まで、銀行に代わって払い戻します。ただし、普通預金については、〇五年三月までは、全額払い戻しの政府保証がついています。〇五年四月からは、普通預金に対する政府保証もなくなり、預金保険機構が払い戻す限度は預金の種類に関係なく、一行、預金者一人あたり元本一千万円とその利子になります。払い戻しのことを英語で「ペイ・オフ」というため、このように、銀行が破綻したときに、預金保険機構が預金の種類に関係なく、一定額だけ払い戻しに応ずることを、「ペイ・オフの完全解禁」といいます。

なお、〇五年度以降、銀行が預金を国債などの安全な資産にだけ運用し、金利がゼロで、振込みなどの決済にだけ使う預金（決済性預金）を導入する場合には、ゼロの預金金利と引き換えに、その預金の安全性は全額保証されます。

ペイ・オフの完全解禁が実施されると、家計にとってはますます、郵貯は預金よりも安全で有利になり、預金から郵貯への乗り換えが進むと予想されます。これは銀行の資金調達を困難にし、資金調達コストの上昇を招くでしょう。銀行の資金調達コストが上がれば、銀行の貸出金利が上がり、銀行の借り手が損をします。つまり、郵貯の安全性を納税者の負担で保証することは、郵貯の保有者にとっては有利ですが、銀行からお金を借りる企業や家計にとっては不利になります。

なお、預金保険機構が破綻銀行に代わって預金の払い戻しに応ずるときに必要になるお金は、すべての銀行から前もって集められた預金保険料で調達されます。預金保険料は銀行が預金を集めるときのコストを引き上げます。そのため、銀行としてはそのコストの一部（場合によっては、全部）を預金者に転嫁せざるを得なくなり、その分、預金金利は低下します。結局、預金の安全性は預金金利の低下という形で、預金者が負担しており、「自分の安全は自分で守る」という「受益者負担の原則」が貫かれています。

他方、郵貯の安全性はお金を郵便局に預ける人ではなく、「納税者」の負担で保証されるものですから、「自分の安全を他人の負担で守ってもらっている」ことになり、「受益者負担の原則」が働いていません。

郵貯が預金よりもお金を集めるのに有利な点は、政府保証にとどまりません。郵貯は銀行が負担している法人税、法人住民税、固定資産税などの税金を負担していません。この納税免除と預金保険料に相当する保険料を負担しないことによって郵貯が受ける利益は、九〇年度から九九年度の十年間で総額四・六兆円に達すると試算されています（全国銀行協会の資料による）。

郵貯が税負担や保険料負担を免除されていることは、補助金を受けていることと同じです。例えば、一億円の税金を払って一億円の補助金を受けることと、郵貯のように、はじめから一円も税金を払わないこととは同じことです。つまり、税や保険料の免除とは補助金を受けることと同じことなのです。ですから、税の免除は国民負担になります。

多くの家計にとって、郵貯が預金よりも魅力的であるのは、郵貯が国民にはよく見えない隠れた補助金を受けているために、その分、預金よりも安全有利な貯蓄手段を提供できるからです。しかし、その陰で、郵貯を保有していないのに税金を払って他人の郵貯の安全性を保証したりする家計や、銀行からの借り入れ金利が高くなって損をしている家計や企業が存在していることを忘れてはなりません。

郵貯の政府保証がなくなり、保険料と税金を払うようになれば、郵貯を国営にしておく理由はなくなります。

†郵貯は資金の流れをゆがめる

郵貯をはじめとする郵政事業が税負担を免除されていることだけが、国民負担（正確には、納税者の負担です）になるのではありません。税負担などについて供給者の競争条件が同じように設定されている場合に比べて、資金の流れが変わることによっても、国民負担が生じます。

右で述べましたが、預金から郵貯への預け替えが起こると、銀行の貸出金利が上がりますから、その分銀行からの借り入れが減ります。これにより、銀行から家計や企業へ貸出を通じて流れるお金が減ります。

それに対して、郵貯にはお金がたくさん集まりますから、そこから、国債、財投債、財投機関債などに流れ出すお金が増えます。財投債や財投機関債に流れたお金は、直接、公団等によって使われるか、政府金融機関を通して企業や家計に貸し出されます。そうすると、無駄な仕事をしている特殊法人でも豊富な資金を集めることができるので、無駄がなくなりません。例えば、日本道路公団や本州四国連絡橋公団（本州と四国を結ぶ橋を三本もつくり、負債が三兆八千億円に膨れ上がり、料金収入で金利さえ払えない公団）のように、車のほとんど走らない高速道路や橋をつくって、赤字を垂れ流し続けたりします。この無駄は国民の負担になります。

一方、豊富で安定したお金を集めた政府金融機関は、銀行よりも有利な条件を借り手に提示して、貸出を増やします。しかし、お金は家計や企業が競争的な市場で調達してこそ、もっとも効率的に使われるはずです。その理由はこうです。

二つのAとBという企業があり、企業Aのほうが企業Bよりも、お金を効率的に使って、消費者のニーズに応える製品やサービスを提供して高い利益を上げるとしましょう。銀行業が競争的であれば、銀行はお金をより確実に返してくれると予想される企業Aに、より多く貸し出そうとするでしょう。企業Bにはお金を返してくれないかもしれないと予想して、貸さないかもしれません。このように貸出先を選ばないと、競争している銀行は利益が上がらず、倒産しかねないからです。その結果、限りあるお金は効率的に使われて、消費者のニーズに合った製品やサービスを提供する企業Aにより多く流れると期待されます。

ところが、政府金融機関がお金を豊富に集めて、銀行を押しのけて貸し出そうとすると、政府金融機関は利潤動機で動く組織ではありませんから、企業Aよりも企業Bに多くのお金を貸し出す可能性があります。例えば、零細企業や中小企業はお金を集めるのが大変だろうという理由で、消費者のニーズに十分応えていないような零細企業や中小企業に多くのお金が流れたりします。これでは、大事な限りあるお金は国民全体の利益になるようには使われませんから、国民の負担になります。

郵貯が隠れた補助金を受けて安全・有利であれば、家計は元本割れや価格低下のリスクのある社債や株式や投資信託よりも郵貯を選ぼうとするでしょう。その結果、社債や株式や投資信託の購入を通じて企業に流れるお金が減ります。企業経営には、利益の減少や最悪の場合には倒産のリスクがつきものです。このリスクを負担してくれるのが、社債、株式、投資信託などを買ってくれる投資家です。もしも、郵貯に対する政府保証がなくなれば、郵貯にも「払い戻されないリスク」が発生します。そうなれば、郵貯と比べたときの社債、株式、投資信託などのリスクはそれだけ小さくなりますから、家計の社債、株式、投資信託などへの投資は増えるでしょう。

このように郵貯に対する政府保証は、企業経営のリスクを負担してくれるお金の流れを減らしているという意味でも、お金の流れを変えています。このお金の流れの変化は、ベンチャー企業のような、リスクはあるが、うまくいけば社会的に有用な事業の起業や活動を妨げています。

右に述べたことは、難しすぎて分かりにくかったかもしれません。比喩を用いて分かりやすくいえばこうです。アマチュア・ゴルフでは、ハンデ（郵貯の税負担と保険料の免除、政府保証に相当します。政府金融機関から、民間金融機関からよりも有利な条件で借りている人や企業もハンデをもらっています）をつけて競技することがあります。この試合で、ハンデをもらった人が優勝するとしましょう。しかし、ハンデを考慮せずに計算すると、彼は優勝どころか十位にも入れないといったことが起こります。真の優勝者はハンデをつけないときにスコアが一番良いプレーヤーです。つまり、ハンデをつけずに、競争条件を等しくしたときに生き残る企業が、同じ質のモノやサービスであれば、もっとも安く提供できる企業であり、同じ価格ならばもっとも質のよいモノやサービスを提供できる企業なのです。こうした企業を効率的な企業といいます。

右で、銀行業が競争的であれば、銀行はお金をより確実に返してくれると予想される企業に、より多く貸し出そうとすると述べましたが、競争的でなければそうはなりません。戦後の日本では、長い間、護送船団行政により、政府は銀行を倒産から守る政策を採用してきました。この場合には、八〇年代後半のバブル期のように、銀行が審査と貸出先の分散という経営の基本原則を逸脱して、消費者のニーズに応えることができないような企業に大量のお金を貸し出すといったことが起こります。しかし、これは護送船団行政をやめて、銀行に対する規制改革を進める根拠にはなっても、銀行よりも政府金融機関からの貸出のほうが国民全体の利益になるという根拠にはなりません。

†政府金融による「民間金融の補完」とは何か

以上の点に関しては、政府金融機関による「政府金融」のそもそもの目的は何かが大きくかかわっています。この章のはじめで引用した財務省のホームページは、政府金融の目的は、「民間では困難な大規模・超長期プロジェクトを実施したり、民間金融では困難な長期資金を供給したりすること」であると述べています。この政府金融の機能は、「政府金融による民間金融の補完」と呼ばれますが、その意味ははっきりしません。

「民間では困難な……」といいますが、「民間では困難である」というだけでは、政府が民間に代わって金融に乗り出す合理的な根拠にはなりません。政府が貸し出した先の企業が長期的に利益を上げる企業に育たなければ、国民全体にとって利益にはならないからです。

そこで、仮に、「民間金融の補完」という意味を、「民間からは借りることができないが、長い目で見れば、利益を上げると期待される企業に、政府金融機関がお金を貸すことである」としてみましょう。しかし、そうだとすれば、お金を貸す前に、そういう企業を見つけ出す作業が必要です。この作業は、まさに、第五章で取り上げた「産業政策」ですが、政府や政府金融機関にそれを見つけ出す能力があるとは思えませんし、期待すべきでもないでしょう。

第五章で述べましたが、政府は「産業政策」の失敗の責任をとらずにすみます。そのことが、「政府は市場に代わって有望企業を発見する能力を形成できない」理由でした。政府が「産業政策」の失敗の責任をとらずにすむのは、政府には民間企業の倒産に相当するものがないからです。

同じことは、政府金融機関にも当てはまります。特殊法人である政府金融機関には倒産のリスクがありません。貸した先が成長せずに、返済が滞っても、損失は政府が税金で補塡してくれます。どんなに融資に失敗しても、倒産しないのであれば、将来有望な企業を探し出して貸す誘因は、政府金融機関にはありません。そうであれば、市場には見つけ出せないが、長い目で見れば有望な企業を見つけ出す能力を磨こうという誘因も、政府金融機関の職員にはありません。能力形成の誘因がなければ、能力は形成されません。ここでも、キーワードは倒産のリスクがあるかないかです。

この意味では、「一行たりともつぶさない」という護送船団行政のもとでの銀行は、政府金融機関と変わりなかったといえるでしょう。

政府金融機関には有望な企業を見つけ出す前に、労せずして郵貯から豊富なお金が流れてきます。そうであれば、お金を貸すこと、すなわち、政府から配分された融資予算を消化することが先です。予算を消化しなければ、次の年に、融資予算を減らされる可能性がありますから、政府金融機関は仕事がなくなってしまいます。政府金融機関ができるだけ多くの融資予算を取って、融資を拡大し、仕事を確保しようとすれば、政府金融は民間金融の補完とは名ばかりで、民間金融と競合するようになってしまいます。

しかし、政府のいう「民間金融の補完」の本音は、「将来、利益の上がる有望企業を探し出して貸すことではなく、市場では借りられない『弱い企業』に貸し出すこと」なのかもしれません。実際にもそのような例が少なくありません。これは、企業に市場では借りられないお金を貸すという、一種の福祉政策です。しかしこの場合には、郵貯も政府金融機関もいらないでしょう。政府が「弱い企業」を指定して、「弱い企業」が銀行から借りるときの利子を補助すればよいからです。補助のためのお金は税金か国債の発行で調達されます。

しかし、なぜ、補助の対象が「弱い人」ではなく「弱い企業」なのでしょうか。企業を営むか、企業で働くかは個人の自由な選択に任せるべきです。自由な個人の選択の結果、あるいは、病気や事故などで不運にも、最低の生活すらできなくなった「弱い個人」に、最低の生活を保障するのが、福祉政策のあり方です。弱い企業であれば助けるが、弱い個人は助けないというのでは、弱い個人は福祉を受けるために、心ならずも、企業を営むしかありません。それは社会にとっても資源の無駄ですし、本人のためにもなりません。

読者の皆さんは、そんなことは起こるはずがないと思われるかもしれません。しかし、将来性がほとんどなく、倒産しかかっている中小企業や零細企業が、政府金融に支えられてなかなか破綻処理に入ろうとしないのは、企業ならば政府金融機関から助けてもらえるが、企業を破綻処理すると、個人の資格では政府から助けてもらえなくなるからだ、とは考えられないでしょうか。

以上の検討から、郵貯の政府保証をなくし、税金を民間と同じように負担させ、民間金融機関と競争条件を同一にすることが、極めて重要であることが理解されたと思います。郵貯の政府保証をなくし、民間と同じように税金を負担させることは、郵貯を民営化することにほかなりません。郵貯から政府保証がなくなれば、預金よりも安全・有利だという郵貯の優位性はなくなりますから、郵貯から預金への預け替えが起こるでしょう。政府保証がなくなれば、郵貯も預金保険機構に保険料を払って、預金と同じように、一千万円の元本とその利子の安全性を保証することが必要になります。そうしなければ、今度は郵貯から預金への預け替えが止まらないでしょう。

なお、簡易保険も郵貯とほぼ同じ理由で民営化すべきであると考えますが、紙幅と重要性との関係で、ここで、話を郵便の民営化に移すことにします。

†郵便の民営化

郵便の民営化の目的は、民間と同じ条件で競争させることにより、サービスの向上と料金の引き下げを図ることにありますが、二つの解決すべき問題があります。

郵便は全国一律の料金で、はがきや手紙などの信書を配達しています。この同じ料金で、全国どこでも利用できる郵便サービスを、「ユニバーサル・サービス」といいます。郵便民営化反対派は、民営化すると、採算の取れない地域への配達料金を引き上げるか、配達をやめるかしなければならず、ユニバーサル・サービスを維持できなくなると主張しています。

現在は、採算の取れる地域の黒字で採算の取れない地域の赤字を埋めることにより、ユニバーサル・サービスを維持しています。これを内部補助といいます。内部補助により、採算の取れる地域では配達料金はコストに比べて割高になっています。

民営化しても、ユニバーサル・サービスを維持する方法はあります。はがきや手紙の配達料金の上限を規制し、その上限料金では採算割れのため、サービスを提供する民間会社が現れない地域については、政府が民間会社に補助金を支給して、配達できるようにするのです。その際、補助金額については、民間会社による入札方式を採用し、一番低い補助金を入札した会社に配達サービスを委託するようにします。

この入札によって、政府はもっとも安いコストでサービスを提供する会社を選び出すことができますから、補助金額を節約できます。実際に、この方法はイギリスで、採算の取れない地域のバスの運行を確保する手段として使われています。

しかし、信書便法（平成十五年四月施行）では、信書（一般信書便といって、大きさや重さに制限のない信書）の配達料金は全国一律に規制されています。それでは料金競争は起きませんから、消費者の利益にもなりませんし、内部補助の問題も解決しません。

さらに、信書便法の参入規制の下では、民間は事実上、一般信書事業に参入できません。実際に、郵便と同じように、全国津々浦々にポストを設置しなければ、一般信書便事業への参入は許可されないでしょう。しかも、参入許可権を握っているのは、郵便を管轄する総務省です。これでは参入許可に当たって中立性を欠き、不公正です。

政府は、参入規制は信書の秘密保持のための規制にとどめ、民間の一般信書便事業への参入を促すべきでしょう。どの会社に信書の配達を任せるかは消費者に選ばせればよいはずです。

民間が一般信書便事業に参入しやすくなれば、民間企業（民営化後の郵便も含めて）は顧客獲得競争を始めるでしょう。そうした同一条件の下での競争があってこそ、信書配達サービスの質が改善され、採算の取れない地域での補助金額も減り、信書便の上限規制料金を引き下げることも可能になります。

郵便以外の会社を信用できないとか、ポストが少なくて不便だと思う消費者は郵便を選ぶでしょう。そうでない消費者は郵便以外の会社を選ぶだけの話です。

信書の秘密が保持されなかったり、配達されなかったりした場合には、損害賠償の対象になりますが、他の取引と同じように、最終的には、裁判によって決着するしかない問題です。

信書の秘密を保持しないような会社は競争により淘汰されていくでしょう。競争下で生き残るのは、信書の秘密保持はもちろん、サービスがよく、料金の安い配達会社です。

郵政三事業の民営化については、以上がもっとも基本的な問題ですが、その他にも、郵貯の営業区域を地域分割するか、三事業を分割して独立の会社とするか、三事業を分割した上で、それぞれの民営会社を所有する持ち株会社をつくるかといった事業形態の問題があります。本書を執筆している〇四年八月末現在、経済財政諮問会議のこれらに関する議論は流動的で、ここでは詳細に立ち入るわけにはいきませんが、民間と競争条件を同一にするにはどうしたらよいかという点に絞って、決めるべき問題です。それに対して、郵政事業従事者の雇用を守るという観点から、事業形態を議論する傾向がみられるのは要注意です。実際に、〇四年一月から〇四年八月末現在までの郵政公社の対応は、雇用確保を目指すあまり、問題が少なくありません。

まず、〇四年一月から、同一の競争条件が整わないまま、郵政公社はアメリカ系保険会社などの反対を押し切って定期付き終身保険の販売を見切り発車させました。

さらに、〇四年八月現在、同公社はゆうパックの取り扱いでローソンと提携して同事業を拡大すると発表しました。ゆうパックは税金の免除に加えて、はがきや手紙の信書便での独占利益があるため、価格を宅配便よりも低く設定しています。これでは、宅配便の横綱のヤマト運輸といえども太刀打ちできず、ハンデをもらった郵政公社が優勝し、ハンデがなかったならば優勝したはずのヤマト運輸は、事業縮小に追い込まれてしまいます。

信書便の独占利益は、すでに述べましたが、都市部では料金が配達費用を上回るように設定されていることによって生まれます。

このように、民間との競争条件を等しくしないまま郵政事業が拡大することは、真に効率的な企業が生き残るのを妨げることによって、最終的には国民の負担になることを銘記すべきです。

2 財政構造改革と年金改革

†財政赤字の何が問題か——財政の硬直化と持続可能性

少子・高齢化が進む日本の構造改革としては、財政と年金の改革が重要課題です。まず、財政構造改革から検討しましょう。

財政構造改革の課題は大きく二つに分けられます。第一は、肥大化した構造的な財政赤字を縮小させて、国債の新規発行を止めるとともに、累増した国債を償還するという、財政赤字問題です。第二は、財政赤字の大きな原因の一つである、中央政府に大きく依存した地方財政をどのようにして自立させるかという、地方財政問題です。はじめに、財政赤字問題から検討しましょう。

九二年以降、たび重なる景気対策で、財政赤字をまかなう国債と地方債の発行が増大し、国の歳出に占める国債費（国債の元利払いのための費用）は二割を超えています。さらに、国から地方に配分する地方交付税（次項で説明します）を差し引くと、国が使えるお金は歳出の六割にも満たなくなります。その六割弱のうちの四割は、高齢化で増加の著しい社会保障費ですから、政府には政策的経費は歳出の三割程度しか残らず、政策的に何かしようと思っても、予算にまったく余裕がないため、何もできない状況です。これを財政の硬直化問題といいます。財政の硬直化を直すには、財政赤字を減らすとともに、肥大化した公共事業費など、歳出の中身を思い切って見直すことが必要になります。

財政赤字のもう一つの問題は財政の維持可能性です。〇四年度の国と地方の債務残高の対GDP比は一六〇％（〇四年度）に達すると推測されていますが、果たして、いつまでそうした財政状態を維持できるのかと心配になります。

国債の残高が増え続ける中で、景気がよくなれば、企業の資金需要が増え、政府と民間が限られた資金を取り合うことになりますから、やがて国債の金利は上がるでしょう。これにより、国債の利払いは増えますから、税収が増加しても利払いに追いつけなくなる可能性があります。税収の増加のスピードよりも国債の利払いの増加のスピードのほうが速くなれば、財政赤字の拡大と国債残高の増加は止まらなくなります。国債の発行が増え続ければ、国債の金利はさらに上昇するでしょう。そうなれば、いつかは、国は国債の利子を払えなくなり、それを償還することもできなくなるのではないかと心配になります。つまり、財政の破綻です。財政破綻の危機が迫ったときに、それを避けるには、大増税か、歳出の大削減か、高インフレ政策かのいずれかしかありません。

高インフレ政策とは次のような政策です。政府が歳出の削減も増税もせずに、債務を履行（きちんと国債の利子を支払い、国債を償還する）しようとすれば、国債を発行してそれを日本銀行に買わせ、その売却代金で国債の利子を支払い、国債を償還していくしかありません。日銀による大量の国債購入が続けば、お金が大量に出回るようになり、いつかは激しいインフレになるでしょう。インフレになれば、名目的に国内総生産が増えるため、税収も自動的に増えますから、増税することなく財政赤字を減らすことができます。これが高インフレを起こして、財政破綻を避ける方法で、はっきりいえば、高インフレによって国の借金を帳消しにする政策です。

急増する国債残高

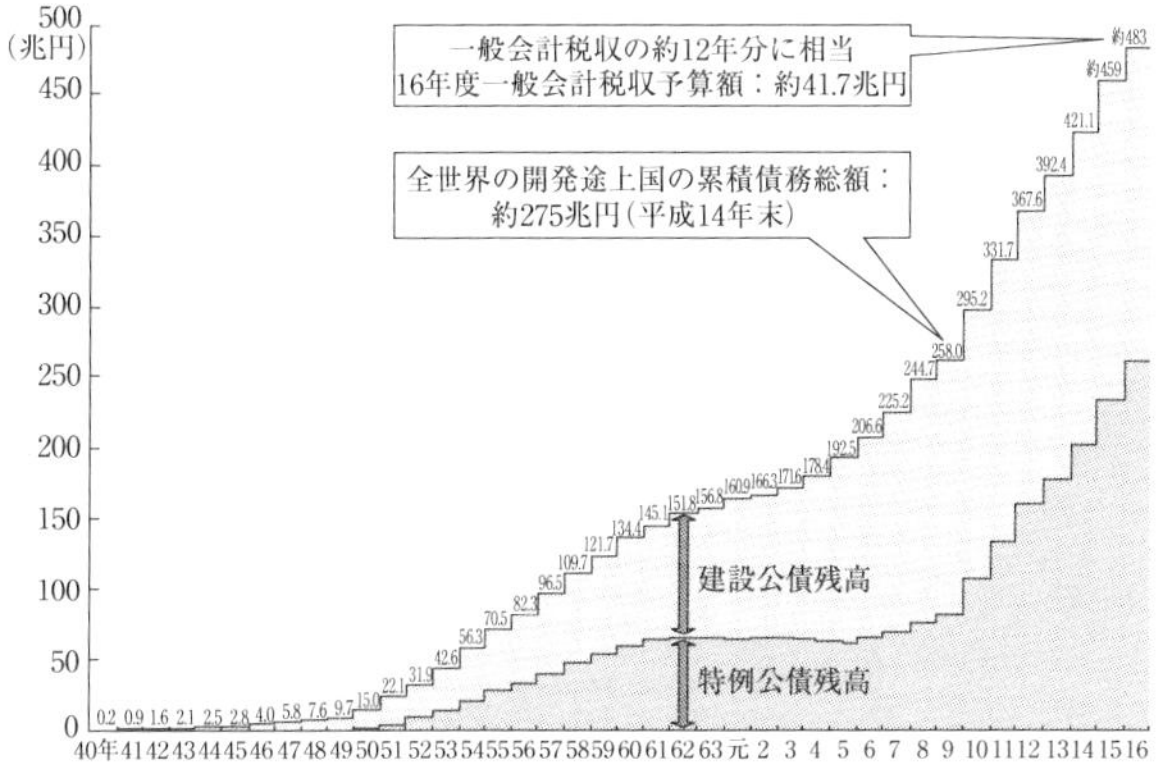

（注）1. 公債残高は各年度の3月末現在額。ただし、15、16年度は見込み。
2. 特例公債残高は、国鉄長期債務、国有林野累積債務等の一般会計承継による借換国債を含む。

（出所）財務省ホームページ

結局、どの方法をとるにせよ、経済の大混乱は避けられないでしょう。こうした問題を財政の維持可能性といいます。

これまでの有力な研究によると、今のところ財政の持続可能性は保たれていますが、次第にその条件は満たされなくなりつつあるといわれています。

ところで、右に述べた高インフレ政策による財政破綻を回避する方法とインフレ目標政策の関係について、次のような誤解があります。インフレ目標政策とは、平成の経済大停滞から本格的に抜け出し、輸出や財政支出に頼らずに、日本経済が持つ潜在成長率を安定的に実現するために、九八年以降、〇四年現在も続いているデフレ（消費者物価でみたデフレ）から脱却して、一%〜三%程度の穏やかなインフレ経済に移行するための政策をいいます。私を含めて、インフレ目標政策を主張するエコノミストは、デフレを収束させ、一%〜三%程度の穏やかなインフレを実現する手段として、日銀による長期国債の買いオペ（民間が保有している国債を日銀が買うこと）を提案しています。

このインフレ目標政策は日銀が長期国債を買う点で、右の高インフレ政策と似ているため、その点が強調されて、同じ政策であるという誤解を生んだり、インフレ目標政策は亡国の政策であるという宣伝に使われたりしています。しかし、インフレ目標政策は一%〜三%程度の穏やかなインフレを目指すもので、高インフレを目指す政策ではありませんし、国の借金を帳消しにするための政策でもありません。インフレ目標政策では、インフレ率が恒常的に三%を超えるようなときには、日銀は長期国債の買いオペと反対に、長期国債を民間に売ることになりますから、どんなにインフレになっても日銀が長期国債を買い続ける高インフレ政策とはまったく異なります。しかしこの点は、以上の指摘にとどめ、第七章でふたたび触れることにして、先へ進みましょう。

†財政赤字を減らす特効薬は成長率を上げること

高インフレ政策をとるべきでないとすれば、どのようにして財政赤字を減らし、今後も財政の持続可能性を維持したらよいでしょうか。

財政赤字を減らす方法は、当然ですが、財政収入を増やすことと財政支出を減らすことの二つしかありません。財政収入を増やす方法には、増税、国有財産の売却、増税せずに経済成長率を引き上げて税収を増やす、という三つがあります。この中で最初に手をつけるべきは、増税せずに経済成長率を引き上げることでしょう。経済成長率が上がれば、増税しなくても、所得税、法人税、消費税などの税収が自動的に増えます。この税収の増加を自然増収といいます。

アメリカでは、八〇年代から九〇年代初めにかけて財政赤字が拡大しましたが、その後、高い経済成長が続いたため、自然増収により、財政黒字に転換したほどです。日本でも八五年と好景気が続いた九〇年を比べると、自然増収は二十三兆円に上りました。

これまで、自然増収があると、しばしば減税が行われてきました。しかし、それでは、財政赤字と国債残高を減らして、財政を再建することはできません。今から、将来の自然増収を国債の償還にあてることを決めておくことが肝要です。

好況が続き、経済が安定すれば、景気を悪くすることなく、歳出カットや増税によって財政赤字を減らし、場合によっては、黒字に転換することも可能になるでしょう。しかし、景気と物価が長期的にみて安定する前に、大幅な歳出カットや増税を試みると、景気が悪くなって、かえって税収が減り、財政再建は遠のいてしまいます。ただし、景気と物価の安定については金融政策のほうが重要で、景気安定化のための財政政策がどうあるべきかは、採用される金融政策に大きく依存します。

経済成長率を引き上げるためには、景気と物価を安定化させるとともに、規制改革などの構造改革を進めて、潜在成長率を高める必要がありますが、これらの点については、次章で扱います。

なお、政府の財政構造改革では、しばしば、プライマリー・バランス（基礎的収支）という聞きなれない言葉が出てきます。これは、「借り入れを除く税収入等の歳入」から「過去の借り入れに対する元利払いを除いた歳出」を差し引いた財政収支のことです。プライマリー・バランス、すなわち、基礎的収支がゼロ（これを、「基礎的収支が均衡する」といいます）になれば、毎年度の税収等によって、過去の借り入れに対する元利払いを除いた毎年度の歳出をまかなえることになります。そうなれば、新たな国債発行収入で、同額の既存の国債の元利払いができるようになるため、国債残高を一定額に維持することができるようになります。さらに、基礎的収支が黒字になれば、国債残高を減らすことができます。小泉内閣は二〇一〇年代初頭に基礎的収支の黒字化を目指しています。

†地方財政改革の原則

日本の財政が抱えるもう一つの問題は、中央政府に大きく依存して、自立できない地方財政の問題です。特に大きな問題は地方交付税制度です。

地方交付税制度とは、国税五税（所得税、酒税、法人税、消費税、たばこ税）の一定割合から構成される地方交付税を、地方税収だけでは歳出をまかなえない地方に、その財源不足分に応じて配分する制度です。地方交付税は使途が特定されず、どのような経費にも使える財源で、使途が特定される国庫支出金（中央政府から地方政府への補助金）とは異なっています。この制度は税収の少ない地方でも、住民に一定水準の公共サービスを確保するために設けられたものです。地方交付税は地方の歳入の二〇％を占めており、国庫支出金（地方歳入の一五％）とともに地方の重要な財源になっています。都道府県で地方交付税の配分を受けていないのは東京都だけです（〇四年度現在）。

九〇年代は景気対策のために地方の公共事業費が大幅に増えました。公共事業費が増えた地方は財源が不足しますが、その不足分は中央政府から地方交付税の配分を受けることにより調達することができます。地方が公共事業費を地方債の発行で調達する場合には、その利払いと償還金の支払いは地方交付税で手当てされます。つまり、地方は公共事業費の多くを地元の税金ではなく、地方交付税によってまかなうことができるわけです。地方が応分の負担をすることなく、他の地域で徴収された税金で公共事業を行えるとなれば、公共事業の増加には歯止めがかからなくなります。

さらに、地方税収が減っても、減った分の七割から八割は地方交付税で補塡されますから、地方税収が減ってもなかなか歳出構造の見直しにはつながりません。

このように、日本の地方財政は、「自分の利益になる支出は自分で負担する」という「受益者負担の原則」が成立していないため、歳出の増加に歯止めがかからなくなっています。地方が公民館、児童館、美術館などの「箱物」や、公園、道路、農道空港などの建設に励むのも「受益者負担の原則」が働かないためです。これは、お酒がただであれば、お酒の好きな人が悪酔いするほど飲み続けるのと同じです。

こうした公共投資の地域配分は、車がほとんど走らないような道路や採算の取れない農道空港(野菜や果物を飛行機で運ぶための空港)に代表される公共施設が地方に気前よく建設される一方で、東京に代表される大都市圏では、いつまでたっても環状道路が整備されないため車が渋滞して身動きができない、といった状況を生んでいます。このような公共投資の地域配分は日本全体の生産性を低めており、改革が急がれる問題です。しかし、それが九〇年代の「失われた一〇年」の原因であったかどうかとなると(第二章2節の「非効率な公共投資説」)、それは慎重に検討すべき問題です。この点については、次章で触れることにします。

さて、右に述べた地方交付税の配分の結果、地方の一人当たりの歳出や一人当たりの一般財源(交付税配分後の使途が特定されない財源)は、税収が少ない都道府県ほど多くなる傾向がみられます。これは、歳出を自分のところの財源でまかなえないような地方の住民ほど、政府から手厚いサービスを受けており、戦後日本の地域間財政格差をなくそうとする「平等主義」がいかに行き過ぎてしまったかを如実に語る数値です。

地方には、義務教育などナショナル・ミニマムを確保する必要のある公共サービスは少なくありませんが、「受益者負担の原則」が働かないため、肥大化した無駄なサービスも少なくありません。高齢化社会では、社会保障費の増加が避けられませんから、その分、他の支出の増加を相当思い切って抑制しなければ、地方の肥大化する歳出を支えている大都市（特に、東京圏の都市）の活力自体が殺《そ》がれてしまいます。そうなれば、大都市も地方を支えられなくなり、いつかは地方交付税制度そのものを維持できなくなるでしょう。

政府は「国庫補助負担金」、「地方交付税」、「税源配分（税源移譲を含む）」の三位一体改革を進めようとしていますが、その際見失ってならない基本的な点は、行き過ぎた平等主義を改めて、ナショナル・ミニマムを見直すとともに、その見直したナショナル・ミニマムを超えるサービスについては、「受益者負担の原則」を確立する、という改革原則です。

†年金改革をどう進めるか

〇四年七月の参議院選挙では、年金改革が争点になり、小泉内閣の「年金給付の削減と年金保険料の引き上げ」案に賛成した自民党が議席を減らし、反対した民主党が議席を増やしました。

小泉改革案は、年金給付を減らされる年金受給者にとっても、年金保険料を引き上げられる現役世代にとっても、ともに不利な案ですから、どの世代の支持も受けられなかったのは当然かもしれません。しかし、それでは、小泉改革案以外の年金改革はありうるでしょうか。この点を考えてみましょう。

現在の年金は、基本的には、現役世代が納めた年金保険料を年金受給世代に年金として配分するという「賦課方式」を採用しています。この方法が採用されたのは次の理由によります。公的年金を導入してからしばらくの間は、年金保険料を積み立てていなかった世代や積立額が少ない世代が存在しますから、彼ら自身が納めた保険料の積立額で、彼らに年金を支給しようとする（これを積み立て方式といいます）と、彼らの年金は極めて貧しいものになってしまいます。そこで、彼らにも生活に困らないような年金を支給しようとして、現役世代が納めた保険料で不足する年金を補塡することにしたのです。しかしそうすると、現役世代が年金を受給する年齢に達したときに、彼らが納めた保険料とその運用益を原資として年金を支給しようとすると、今度は彼らの年金が極めて貧しいものになってしまいます。それを避けるためには、彼らへの年金支給を、彼らよりも後の現役世代が納める保険料でまかなわなければなりません。このようにして、次々に、次の現役世代が納める年金保険料は、その前の世代への年金支払いのために使われていきます。すなわち、前の世代の年金を次の世代が支えるのが賦課方式です。

賦課方式は人口が増えていく場合には、うまく回転します。前の世代の年金を支える次の世代の人口が前の世代の人口よりも大きければ、次の世代の一人当たりの負担は重くなりません。しかし、一方で、寿命が伸びるため、前の世代で年金を受ける人口は長期にわたって減らず、他方で、少子化により次の世代の人口が減り続ければ、一人の現役が支えなければならない年金受給人口は増えるばかりです。これでは、遠い将来世代ほど負担が大きくなって大変です。これが賦課方式年金の抱える大問題です。ちなみに、〇二年は、現役世代三・六人で高齢者一人の年金を支えればよかったのですが、二五年には、現役世代二人で一人の高齢者の年金を支えなければならないと予想されています。果たしてそんなことが可能でしょうか。

†年金改革の基本はなにか

少子・高齢化を前提にする限り、日本が抱えている年金問題を、どの世代にとってもハッピーになるように解決する方法はなさそうですが、いくつかの考えられる改革を検討してみましょう。

一つは、経済成長率を引き上げる政策です。成長率が上がれば、一人当たりの所得も増えますから、その時々の現役世代の年金保険料負担はそれだけ軽くなります。しかし、この点については、次章で取り上げることにし、ここでは、その他の改革を考えてみましょう。

はじめに、経済成長率と将来人口および平均寿命を与えられたものとし、年金は年金保険料でまかなうという原則を貫くという条件の下で、考えてみましょう。この場合には、年金改革は世代間の受益と負担の配分をどう変えるかに帰着します。世代間の受益と負担を決めるのは、保険料率と給付率です。そこで組み合わせとしては、次が考えられます。

①給付率を一定として、保険料率を上げてゆく。

②保険料率を一定として、給付率を下げてゆく。

しかし、保険料率を上げ続ければ、将来世代ほど負担が大きくなり、いつかは負担しきれなくなって、保険料率を引き下げなければならなくなるでしょう。ですから、事実上、①は選択できません。

他方、給付率を下げ続ければ、いつかは年金で最低生活すら維持できなくなりますから、給付率を下げ続けることにも限界があります。したがって、②も非現実的です。そうなると、次の二つが残ります。

③給付率を下げ、その下げた水準で固定するとともに、保険料率を上げてゆき、どこかの水準で固定する。

これは基本的に〇四年に小泉改革案で提示された改革手法で、どの世代も痛みを分かち合うという手法です。しかしこれとても、出生率の低下が止まることを前提にしなければ成り立ちません。

残るもう一つの方法は次です。

④給付率を大きく下げて、その下げた水準で固定し、保険料率は上げない。

これも出生率の低下がどこかで止まることを前提にするものですが、保険料負担が増えないように、将来世代に配慮したもので、その分、現在と近い将来の年金受給世代の痛みは大きくなります。

以上が年金を年金保険料でまかなうという前提を置いたときの基本ですが、細かくは、同一世代の中での負担と利益の配分を変えることで、改革の痛みを和らげることができます。そのような方法として、所得の多い人の年金は減らすというものがあります。実際に、現在でも、一定以上の所得があると、年金が減額されたり、支給されなかったりします。

†高まる基礎年金への消費税投入論

もともと、年金保険制度は、年金保険料を納めた人に年金の支給を限定し、納めなかった人には支給しないという、保険原理が原則です。それに対して、さまざまな政府サービスの財源は税金でまかなわれますが、その政府サービスは税金を納めなかった人でも利用できます。また、福祉サービスの場合は、税金を納めても所得が一定以上あれば利用できません。

このように年金と税金とでは、根本的に考え方が違います。それにもかかわらず、年金保険料を払ったのに、所得が一定以上あるために、年金をもらえないというのでは、年金保険料を払ったのではなく、税金を払ったのと同じことになってしまいます。この意味で、日本の年金は本来の原則を踏み外していますが、実際にも、すでに基礎年金（国民年金）の支払いには税金が投入されています。

年金は現役時代の所得にかかわらず、一定の年金が支給される基礎年金（国民年金）と年金支給額が現役時代の所得に比例する比例報酬年金の二階建てになっていますが（国民年金には基礎年金部分しかありません）、基礎年金については、「全額、消費税でまかなえ」という声が日増しに高くなっています。これをどう考えたらよいでしょうか。

公的年金がその支給を、保険料を納めた人に限定するという保険制度として始まったのは、長生きしたために、自分の蓄えだけでは生活できなくなるリスクを、政府が運営する保険で回避しようとしたからです。生命保険や傷害保険と同じ考え方です。この考え方からは、公的年金は本来、生命保険などの民間保険と同じように、積み立て方式でなければなりません。しかしすでに述べた理由で、ほとんどの国が、賦課方式をとらざるを得ませんでした。そして今、日本では、さらに保険原則から逸脱して、消費税の基礎年金への投入を求める声が高まっています。

†なぜ、基礎年金に税を投入するのか

それではなぜ、消費税の基礎年金への投入が求められているのでしょうか。

それは、一つには、基礎年金は最低の生活保障であるから、保険の原理よりも、税金の原理になじむという考えです。もう一つは、年金保険料が引き上げられると、その半分は企業が負担しなければならないため、企業負担が増えるという問題です。日本企業は厳しいリストラや不良資産の処理や借金の返済などによって身を削ってきましたが、退職金の積み立て不足などの問題はまだ解決していません。〇三年頃から景気が回復し、企業利益も増えてきたとはいえ、低水準からの回復ですから、まだまだ追加負担に耐えられるほど、体力は回復していません。さらに、グローバル競争は激しくなるばかりですから、これ以上負担が増えれば、企業は戦えないと考えています。ですから、賃金の上昇と変わらない年金保険料の引き上げには断固反対なのです。

しかし、以上よりも現実的かつ深刻な問題として、国民年金の未納者が増え続け、国民年金を維持することができなくなりつつあるという事情があります。国民年金を維持しようとして、年金保険料を引き上げれば、未納者はさらに増えるでしょう。保険料の引き上げに限界があるとすれば、基礎年金に消費税を投入すること、さらに、基礎年金はすべて消費税でまかなうことが考えられます。そのためには、現在の消費税では不足しますので、消費税率の引き上げが必要になります。

†なぜ、消費税なのか

しかし、基礎年金への税金投入を増やすとしても、なぜ、消費税であって、所得税ではないのでしょうか。それはおそらく、国民の間に消費税増税に対するアレルギーがなくなってきたからでしょう。消費税に反対する財政学の専門家は、いまや、八田達夫国際基督教大学教授など少数派です。

消費税が年金財源として広く支持される理由として、消費税は高齢者も含めて広く薄く負担されるという点があげられています。高齢者にも所得の高い人がいるから、消費税ならそういう高齢者にも負担を求めることができるともいわれます。しかし、「広く薄く負担される」ということは、所得の高い人も低い人も同じように負担することを意味しますから、所得の低い人にとっては、負担は相対的に重くなります。消費税は高齢者も負担するといっても、高齢者の中には少ない年金だけが頼りの人もいます。消費税はそういう高齢者にも負担を求める税です。つまり、消費税は所得の低い人ほど負担が相対的に重くなるという意味で、逆進的です。

サラリーマンの中にも、消費税の支持者が多いように思われますが、彼らはなぜ逆進的な消費税増税を支持するのでしょうか。将来、増税は避けられないとして、所得の高い人ほど所得税増税に反対し、消費税増税に賛成するのは理解できますが、所得のそれほど高くない人も同じように反応するように思われます。それは、所得税増税は直ちに負担を感じますが、消費税増税は自分にとってどれだけの負担になるかがはっきり分からないためではないでしょうか。実際に、一年間にどのくらい消費税を負担したかを知っている人はどれだけいるでしょう。増税総額が同じとして、どの所得水準までなら、税負担は消費税増税よりも所得税増税のほうが軽いかを知ることも困難です。そうなると、人々は真の負担よりも、負担感で判断するようになり、所得税増税よりも負担感の小さい消費税増税に賛成するように思われます。

将来、増税が不可避としても、政府はこうした税負担と所得との関係に関する情報を正確に国民に伝えた上で、国民が選挙で所得税増税か消費税増税かを選択できるようにすべきでしょう。そうした情報もなく、増税の税目を、なんとなく負担は消費税のほうが軽そうだという感覚で選択することは、社会の公平を損なうことになります。

この章では、〇四年現在、日本が直面している構造改革についてお話ししました。小泉首相は「構造改革なくして、成長なし」といっていますが、それは本当でしょうか。また、これまで、①政府はできるだけ家計や企業の行動に干渉せず、市場を競争的に保つこと、および、②マクロ経済の安定化が重要であることを説明してきましたが、果たして経済政策はそれで十分でしょうか。これらの問題を理解するには、市場の限界や、構造改革と経済成長、デフレ、失業といったマクロ経済の諸現象とのかかわりなどを理解しておく必要があります。次章では、これまで断片的に扱ってきたこれらの問題を一括して、総合的に考えながら、日本経済が抱える諸課題に対して、どのような経済政策を割り当てればよいかを考えてみたいと思います。

第七章
日本経済の課題と経済政策

これまでの章で、戦後日本の高度成長は競争的な市場によってもたらされたこと、護送船団行政に代表されるような競争を制限する政策は当該産業の発達を妨げ、顧客の利益にもならないことなどを説明してきました。八〇年代以降の（八〇年代後半のバブル期に一時中断されましたが）、民営化や、競争を促進する規制改革、そして、小泉内閣の構造改革は、こうした市場の見方に立っています。

九〇年代以降、特に、九〇年代後半以降、企業も事業の再構築、リストラ、不良資産処理、過剰債務の返済などに努めてきました。これらは企業の構造改革です。この章では、煩雑ですので、政府と民間のこれらの改革を区別せず、一括して構造改革と呼ぶことにします。

それでは、構造改革は経済全体の安定と成長と、どのようにかかわっているでしょうか。経済全体の安定や成長のことを、マクロ経済問題といいます。この章では、九〇年代から〇四年までの財政金融政策と構造改革を展望しながら、マクロ経済問題と構造改革の関係について説明し、今後求められる構造改革と物価と雇用の安定化を図るマクロ経済安定化政策の関係を考えます。さらに、これまで本書が対象にしてこなかった環境問題は、市場を競争的にするだけでは解決できない問題で、その解決は無視することのできない課題ですので、基本的な点を押さえて説明しておきたいと思います。

右に述べたことのうち、デフレ不況を完全に克服してマクロ経済の安定化を図ることは、今すぐ取りかかれば比較的早く効果が現れる短期的課題です。一方、構造改革による潜在成長率や生産性の上昇はもっと時間のかかる長期的課題です。それに対して、環境問題を解決して持続可能な社会を築くことは、さらに時間のかかる超長期的課題です。この章では、これらの日本経済が直面している諸課題を解決するにはどのような経済政策を割り当てればよいかを検討しましょう。

1 構造改革は経済の安定・成長に貢献したか

†構造改革の遅れは長期経済停滞の原因か

第二章2節で触れましたが、九〇年代以降の長期経済停滞の原因は、「規制改革や民営化などの構造改革の遅れ」であるという主張があります。しかし、第五章で述べたように、九〇年代は八〇年代よりもさまざまな規制が緩和されて、市場競争は強まり、電信電話と国鉄も民営化されました。特に、九〇年代後半以降は、構造改革のスピードも増大しました。しかし、バブル崩壊後の九二年以降、〇二年までの平均成長率は一%にしか過ぎませんでしたし、景気もよくなったかと思うとすぐに悪くなり、極めて不安定でした。もしも、構造改革によって潜在成長率だけでなく、実際に実現される成長率も引き上げることができるのであれば、構造改革が八〇年代よりも進んだ九〇年代以降に、長期経済停滞が起きるはずはなかったと思われます。

第二章で触れた「非効率な公共投資説」のように、長期経済停滞の原因を非生産的な公共投資に求める考えもあります。しかし、非効率な公共投資は八〇年代や九〇年代に特有の現象ではなく、七〇年代からの長期にわたる現象です。それは長い間にわたって、日本全体の生産性を引き下げてきた要因であると思われますが、九〇年代の成長率を八〇年代の四分の一にまで、急激に引き下げた要因とは考えられません。非効率な公共投資を見直す必要性と、九〇年代以降の長期経済停滞の原因とは区別して考えなければならないのです。

†構造問題としての不良債権問題

右の議論に対しては、九〇年代以降の日本経済には、それ以前にはなかった構造的変化が起きたため、規制改革などの構造改革の効果を相殺したという反論があります。その代表的な主張に銀行の不良債権説があります。この説は宮尾龍蔵「銀行機能の低下と九〇年代以降のデフレ停滞」（浜田宏一・堀内昭義他編『論争　日本の経済危機　長期停滞の真因を解明する』所収）によると、次の二つに分かれます。

第一は、銀行が巨額な不良債権を抱えて、リスクをとれなくなって、貸出が減少したため、企業が投資資金を調達できなくなって、景気が悪化し、成長率も低下したという、「銀行の貸し渋り説」です。しかし、これまでの実証研究の多くは、「銀行の貸し渋り説」が当てはまるのは九七年から九八年にかけての金融危機の期間だけであり、この説によって九〇年代を通じた長期経済停滞は説明できないことを示しています。

第二は、「銀行の追い貸し説」です。追い貸しとは、銀行の貸出が利潤を生まず不良化しているにもかかわらず、継続されることをいいます。追い貸しが経済を停滞させる理由については、次の二通りがあるといわれます。

①「追い貸しによる優良投資締め出し説」…これは、銀行が不良業種への貸出を継続したり、増やしたりしたため、優良な企業向け貸出が締め出されてしまった結果、優良な投資プロジェクトが実現せず、経済が停滞したという説です。

しかし、九〇年代中頃から、企業は中小企業を含めてカネ余りで、銀行から借りなくても設備投資できる状態でしたし、銀行の資金調達は逼迫していたわけではありませんから、追い貸しが優良な投資先への貸出を締め出したとは思われません。銀行は不良企業に追い貸しするかどうかにかかわらず、優良な投資先があれば、利益拡大のために貸し出したはずです。したがって、この説も妥当であるとは思われません。

②「追い貸しによる利潤を生まない企業温存説」…これは不良企業への追い貸しが利潤を生まない、生産性の低い企業を温存したため、資源配分が非効率になり、経済が停滞したという説で

す。しかし、この説にも問題があります。そのことを、簡単な数値例で説明しましょう。

†ミクロとマクロの乖離――合成の誤謬

いま、社会全体には同じモノを生産している二つの企業しかなく、そのうちの企業Aは二人の労働者で八単位のモノを、企業Bは二人の労働者で四単位のモノを生産しているとします。企業Aの一人あたりの生産物は四単位ですから、労働生産性は四です。他方、企業Bの労働生産性は二です。社会全体では、労働者四人で一二単位のモノを生産していますから、社会全体の労働生産性は三です。

ここで、企業Bは生産性が低く利潤も上がらないので、銀行が追い貸しをやめて企業Bを倒産させたとしましょう。しかし、不景気のため、倒産した企業Bの労働者は転職先がなく、失業するとします。生産性の高い企業Aだけが生き残りますが、企業Bの二人の労働者はいまや何も生産しませんから、彼らの労働生産性はゼロになってしまいます。その結果、社会全体でみると、労働者は四人いますが、生産物は企業Aの八単位だけになり、社会全体の労働生産性は二になります。この社会全体の労働生産性は、銀行が企業Bに追い貸しを続けた場合の社会全体の労働生産性三よりも低い水準です。追い貸しをやめると、社会全体では生産物も一二単位から八単位に減りますから、国内総生産は減り、成長率も低下します。

この簡単な数値例から、生産性が低いため、利潤が上がらない企業への追い貸しをやめて倒産させても、倒産した労働者が失業してしまえば、社会全体の労働生産性は上がるどころか、下がり、成長率も低下することが分かります。

このように、個々の企業レベルでみると——これを「ミクロ」でみるといいます——労働生産性の高い企業だけが生き残っても、経済全体でみると——これを「マクロ」でみるといいます——労働生産性はかえって低くなってしまう現象を、ミクロとマクロが乖離するといいます。これは個々のミクロの企業の努力を足し合わせても、必ずしもマクロ経済全体の成果にはつながらないという意味で、「合成の誤謬」と呼ばれます。

しかし、「追い貸しによる利潤を生まない企業温存説」を主張する人々は、企業Bの労働者は失業せず、労働生産性の高い企業Aに雇われると仮定するのが普通です。右の数値例に即していえば、倒産した企業Bの二人の労働者は生産性の高い企業Aに雇用されて、当初から雇用されていた二人の労働者と同じように、八単位のモノを生産すると仮定するのです。転職により、企業Bの労働者の生産性が上がることを、資源（ここでの数値例では、労働が資源です）が効率的に配分されるといいます。この場合には、資源配分が効率的に配分される結果、社会全体の労働生産性は、当初の三から四（四人の労働者で合計一六単位のモノを生産する）に上昇します。

しかし、賃金は生産性の高い企業Aのほうが企業Bよりも高いのが普通ですから、企業Bの労働者は企業Aに転職できるくらいなら、なにも企業Bが倒産しなくても、高い賃金を求めて企業Aにさっさと転職していたはずではないでしょうか。労働基準法は企業の解雇については制限していますが（第三章を参照）、労働者の退職・転職を制限しているわけではありません。ですから、社会全体の生産性を引き上げるために、銀行が追い貸しをやめて、企業を倒産させ、不良債権を処理する必要はまったくないのです。

いま述べたことは、「労働市場が転職できるような状況であれば、どんなに銀行が追い貸ししたところで、労働者は倒産しかかっているような企業からは転職先を求めて流出してしまい、新規労働者も集まらなくなって、人手不足から倒産してしまう」ということです。実際に、六八年の超完全雇用のときには、人手不足で倒産する企業が結構あったのです。例えば、神奈川県のある会社ですが、賃金が払えないのでつぶれそうだという噂が立ちました。すると、その従業員に、人手が足りない企業が労働組合を通じて、もしそっちがつぶれたら、うちにきてくれと前もってわたりをつけました。結局その会社はつぶれたのですが、倒産したときは全従業員の行き先が決まっていて、一人の失業者も出ませんでした。経済全体の需要が十分あれば、平和な形で労働者は移動できるのです。

長期経済停滞説として、「貸し渋り説」も「追い貸し説」も妥当でないとすると、社会全体の資源配分の効率化を図る上で、銀行の不良債権は足かせとなっていないことになります。すなわち、不良債権は九〇年代の構造改革の成果を相殺するような要因ではないということです。そうであれば、小泉内閣の「経済再生のためには、不良債権を早期に処理しなければならない」という考えは妥当ではなくなります。

†なぜ、転職できないのか

「追い貸し」が経済を停滞させた原因であると考える人々は、その例としてよく、建設業を取り上げます。銀行が利潤の上がらない建設業に追い貸しするから、建設業が倒産せず、多数の労働者が建設業に張り付いているといわれます。しかし、追い貸しでようやく生きながらえているような建設業に、労働者が張り付いているのは、転職先がないからか、あっても、賃金が大きく下がるからでしょう。

転職先がない理由としてしばしばあげられるのは、求職はたくさんあるのに、建設労働者が建設労働しかできないからだという、労働のミスマッチ説です。確かに、そういうケースもあるでしょう。しかし、このケースでは、追い貸しをやめて、建設企業を倒産させても、労働のミスマッチが解消するわけではありませんから、追い貸しをやめれば、労働が効率的に配分されるわけではありません。

さらに、労働のミスマッチが起こるのは、労働者の能力が低いからだとは限りません。むしろ、景気が悪いために、求人職種が限られていることにより、ミスマッチが起こることが多いと思われます。景気が良くなれば、さまざまな職種の求人が増え、ミスマッチによる失業も減るでしょう。実際に、どの時代も、転職が多く、失業率が低下するのは好景気の時期です。自由主義経済学者ミルトン・フリードマンが強調したように、一部の恵まれた労働者だけでなく、すべての労働者を本当に保護するものは、労働組合でも、雇用保険でも、雇用者の解雇権を制約する労働基準法でもなく、「労働者が提供するサービスを手に入れようと、数多くの雇用者たちが競争する」(M&R・フリードマン『選択の自由』西山千明訳、五四六頁、日本経済新聞社)こと、つまり、求人競争です。

九二年以降、転職率が低下し、労働の産業間移動が減少したことをもって、労働市場の硬直化という構造変化が起きたと主張されることがあります。その構造的変化を引き起こした原因の一つが、銀行の不良債権だというわけです。

しかし、すでに述べた理由で、不良債権説は妥当しないと思います。九二年以降、労働の産業間移動が低下したのは、総じて、景気が悪く、良くなっても低い水準で、短命だったため、求人が少なく、かつ、求人職種が限られていたからだと考えるほうが、分かりやすいと思います。

規制改革や民営化の遅れも、非効率な公共投資も、銀行の貸し渋りも、追い貸しも長期経済停滞の原因でないとすると、何が原因で経済が長期にわたって停滞し、たまに景気が良くなっても低水準で、短命だったのでしょうか。

†デフレ予想の定着が長期経済停滞をもたらす

この点に対する著者の考えは、第二章2節で述べましたが、九〇年代初めに、資産デフレをきっかけにして、債務デフレによるＧＤＰギャップ（需要不足）の拡大が起きたため、景気が悪くなるとともに、その後の長期経済停滞をもたらしたという「デフレ説」です。しかし、それにしても、なぜ、一〇年以上にもわたって停滞したのでしょうか。

第二章2節で、債務デフレの話をしました。しかし、そこで話した限りでの債務デフレだけでは、経済は長期にわたって停滞しないでしょう。長期経済停滞をもたらしたのは、デフレは将来も続くという、「デフレ予想の定着」だと考えられます。将来もデフレが続くと予想することは、設備を拡張しても、将来、その設備を利用して生産されるモノとサービスの価格が下がると予想することを意味しますから、設備投資は採算が合わなくなって減少します。デフレを予想する企業は、売上高と利益の減少を予想して、雇用を減らそうとし、借金の返済を遅らせれば遅らせるほど返済が難しくなると考えて、できるだけ早く借金を返そうとします。こうしたデフレを予想する企業の生き残りをかけた努力が、経済全体の需要を減らし、ＧＤＰギャップを拡大させて、マクロ経済の悪化と長期経済停滞を招いたと考えられます。

†マクロ経済の不安定化につながるデフレ下の構造改革

物価や雇用が安定し、国内総生産が安定的に成長することを、マクロ経済が安定するといいますが、デフレ不況下の構造改革はマクロ経済の安定を損なう可能性の高い改革です。デフレ不況の最中に、銀行が不良債権の処理を進めたり、企業が過剰になった労働力を減らしたりすれば、それによって失職した人が新しい職をみつけることは困難です。というのは、デフレを予想する他の企業も労働力は過剰であると考えているからです。

個々の銀行や企業にとっては、不良債権処理やリストラは死活問題で、収益を回復して生き残るための不可欠の努力です。しかし、デフレを予想してどの銀行も企業もそうした行動にでれば、失職した人で就職先をみつけることができずに失業する人が増えます。失業者が増えれば、失業していない人もいつリストラにあうかもしれないと不安になるでしょう。景気が悪く、所得が伸びない上に、雇用不安が高まれば、家計の財布の紐はますますきつくなり、消費を抑制して、貯蓄し、将来の所得の減少や万が一のリストラに備えようとするでしょう。このようにして消費が減れば、需要はますます減って、GDPギャップが拡大し、デフレ予想もなくなりません。

このように、デフレを予想する企業の生き残りをかけた構造改革は、マクロ経済の安定に結びつきません。すなわち、ミクロの改善がマクロの改善に結びつかずに、経済は合成の誤謬に陥って、長期にわたって停滞することになります。これが、デフレ予想の定着による長期経済停滞のメカニズムです。

一方、デフレでなく、景気が良ければ、個々の企業による構造改革は、マクロ経済の安定・成長に結びつきます。それは、経済全体の需要が拡大するような景気の良いときには、個々の企業の構造改革によって失職した人が転職先をみつけることは難しくないからです。そのため、ミクロの改善はマクロの改善につながるのです。

同じことは、デフレ下の政府による構造改革にも当てはまります。例えばデフレ下で、政府が財政支出の大幅カットや増税によって、本格的に財政構造改革を進めれば一層のデフレになり、失業率も大きく上昇して、マクロ経済は不安定になります。さらに、所得や消費の減少のため、かえって所得税や消費税などの税収が大きく落ち込んでしまい、財政構造改革自体が失敗するでしょう。九七年の橋本内閣の財政構造改革（消費税増税など）の失敗はその典型的な例です。

†大不況にならなかった理由

次節で、マクロ経済の安定化のための政策には、財政政策と金融政策とがあることを説明しますが、九〇年代以降の日本の財政金融政策は、マクロ経済の安定化に失敗しました。それにもかかわらず、三〇年代の昭和恐慌のように年間の物価下落率が一〇%を超えるようなデフレ大不況にならなかったのは、なぜでしょうか。

その大きな要因は、三〇年代の日本経済とは違って現在は、雇用保険や預金保険制度などの「セーフティー・ネット」が整備されていること、財政政策と金融政策も適切さを欠いたとはいえ、三〇年代に昭和恐慌を招いた緊縮財政と金融引締政策のように、逆噴射するものではなく、大不況にならない程度に景気を下支えする効果はあったこと、小泉首相の「構造改革なくして、成長なし」の強いスローガンにもかかわらず、実は、構造改革は本格的に進められなかったこと、などがあげられます。

〇二年九月に金融担当大臣に就任した竹中平蔵氏は、「不良債権処理の早期・抜本的処理。大手行の国有化も辞さず、非効率な企業は淘汰・整理」というスローガンを掲げ、「不良企業三〇社を淘汰すれば、日本経済は再生する」と公言してはばからない人をブレーンにしたため、「ハード・ランディング（強行）路線」を採用するのではないかと思われました。しかし、実際には、りそな銀行の救済や産業再生機構による企業救済などの「ソフト・ランディング路線」が採用されました。これも、適切なマクロ経済政策が採られていない状況では、大デフレ不況に転落せずにすんだ大きな要因の一つでしょう。

つまり、小泉内閣が口で言うほどの構造改革を進めなかったことが、大不況を免れた大きな要因です。だからこそ、小泉首相の「自民党をぶっこわす！」という威勢の良い掛け声とは裏腹に、自民党はぶっこわれるどころか、依然として結束が固く、第一党の座を守っているのでしょう。小泉内閣の看板通りに、本格的に不良債権処理や財政構造改革などの構造改革を進めたならば、大不況を招き、物価下落率と失業率が一割を超すような事態になった可能性があります。そうなれば、小泉首相がどんなに国民の間に人気があっても、自民党は第一党の座を滑り落ち、文字通りぶっこわれたのではないでしょうか。経済というものは、その論理を無視した、勇ましい掛け声や国民的人気だけではうまくいかず、破壊されてしまうのです。その意味で、経済政策は極めて重要な政策です。実際に、間違った経済政策が、三〇年代のアメリカをはじめとする各国の大不況や日本の昭和恐慌を招き、経済を破壊してしまった例があります。この点をもっと知りたい読者には、岩田規久男編著『昭和恐慌の研究』(東洋経済新報社)をぜひ読んでいただきたいと思います。

2 長期経済停滞からの脱出

†構造改革とマクロ経済政策の役割分担

第一章で、日本の高度成長をもたらしたのは、企業の自由な創意と工夫であったこと、企業の自由な創意と工夫を導き出したのは、貿易自由化をはじめとする市場の競争を維持・促進する政策であったことなどを述べました。また、第五章では、「産業政策」が高度成長をもたらしたという「通念」の根拠は薄弱で、実際に、「大店法」のような「産業政策」は、企業の自由な創意と工夫を妨げることによって、産業の発展を阻害したと述べました。

しかし、前節の説明からすると、規制改革のような競争を促進する構造改革は必ずしも成長に結びつくとは限りません。

以上の二つの説明は矛盾しているようで、読者の皆さんは混乱するかもしれません。そこで、この問題を説明しておきましょう。

前節で著者がいおうとしたことは、市場の競争を維持・促進するような構造改革は生産性と成長率を高めるための重要な経済政策ですが、デフレを放置したまま構造改革を実施しても、物価や雇用の安定や安定的な経済成長に結実しない可能性が大きいということです。仮に、デフレ下の構造改革が経済成長に結びつく可能性はゼロでないとしても、それが成長に結びつくまでには時間がかかりすぎ、その間の企業倒産や失業といった「痛み」が大きすぎるといってもよいでしょう。マクロ経済の安定化を図りつつ、構造改革を進めれば、企業が倒産しても、失業者は早い時期に職をみつけることができます。したがって、失業に伴う「痛み」はかなり小さなものですむでしょう。

個々の企業がどんなに努力しても、マクロ経済を安定化させることはできません。例えば、トヨタ自動車は雇用を大事にするといっていますが、どんなにトヨタ自動車が雇用を大事にしても、トヨタ自動車だけで失業率を引き下げることはできません。失業率は、経済全体の労働の需要と供給の関係で決まってくるからです。したがって、失業率をある一定水準で安定化させることは、政府の役割になります。

同じく、さまざまなモノとサービスの平均的価格である物価を安定させることも政府の役割です。右で述べましたが、いったんデフレになると、企業の努力ではデフレ不況から抜け出せないばかりか、かえってデフレを持続させてしまう可能性があります。ですから、デフレにならないようにすることもまた、政府の役割です。

以上から、政府には、①構造改革などによって市場の競争を維持・促進する役割と、②マクロ経済の安定を図る役割とがあることになります。そして、マクロ経済が安定していれば、構造改革は失業などを引き起こすことなく、経済全体の生産性を引き上げ、安定的な成長率の上昇として結実する可能性が大きくなるのです。

†経済政策の割り当て法則

右に述べた点を、経済政策の割り当て法則としてまとめておきましょう。経済政策の割り当て法則とは、次のことをいいます。

現実の経済では、さまざまな要因により、市場競争が妨げられたり、マクロ経済が不安定になったり、環境が破壊されたりします。それらの要因には次のようなものがあります。

①競争を制限する規制、②業者の利益を図る裁量的な行政、③一部の業者を優遇する公共調達、④受益者負担のない公共事業や補助金行政、⑤不十分な情報、⑥外部性、⑦マクロ経済における「合成の誤謬」などです。

これらの要因によって、市場がうまく機能しない場合には、何らかの経済政策が必要になります。市場がうまく機能しないのは、①から⑤の要因によって人々の自由な創意と工夫の発揮が妨げられたり、⑥の要因によって市場そのものが存在しなかったり、⑦の要因によって人々の努力がマクロの成果として結実しないからです。

したがって、⑥の要因によって市場そのものが存在しない場合には、市場を作る必要があり（これについては、この章の4節で説明します）、また、①から⑤の要因によって何らかの経済政策が必要になる場合には、あくまでも最終的な意思決定は個人や企業の自由に任すべきで、政府が個人や企業に「あれをしろ、これをしろ」と命じるようなものであってはならないと考えます。政府がというのは、経済政策を担当する政府は、「受益者負担の法則」に従って、取引にまつわるリスクを負担する主体ではないからです。あるいは、政府はそもそもリスクを負担できないといってもかまいません。例えば、政府が国費で負担するなどといわれることがありますが、実際に負担しているのは納税者であって、官僚でも、政治家でもありません。まして、国という特別の主体が存在して、国民に代わって負担してくれるといったありがたい話はありえません。

リスクを負担しない政府が、これからのリーディング産業を指定して、その産業に補助金を与えたり、優先的に資金を割り当てたりするといった「社会主義的アプローチ」は、市場の機能を改善するのではなく、市場の機能を否定して、政府が市場に取って代わろうとするアプローチで、取るべきアプローチではありません。

経済政策とは、市場の機能を改善して、人々の自由な創意と工夫が社会の利益に結びつくようにすることです。この「経済政策の基本法則」に従って、右にあげた七つのケースについて、適切な経済政策とは何かを考えてみましょう。

①〜④までについては、競争制限的規制を撤廃したり、公共事業や公共調達に完全競争入札を導入したりして、市場を競争的にすることです。⑤のケースでは、会計制度や情報公開制度を改革して、家計や企業が事実を知らずに行動することがないようにすることが重要です。⑥は環境破壊の原因になりますが、これは市場を作り出すことによって解決すべき問題で、この章の最後に触れることにします。要するに、市場の性能が悪いときには、性能が良くなるように、規制やルールを変えて、性能を良くするように経済政策を運営するのです。

構造改革とは本来、このように市場の機能を改善する経済政策をいいます。すなわち、構造改革は市場の機能を改善して、無駄をなくし、生産性を引き上げるために割り当てるべき経済政策です。

以上の、①から⑥に対応する経済政策は、供給能力（潜在成長率）を高めたり、供給の質を改善したりするものですから、供給サイドの政策と呼ばれます。

それに対して、⑦の合成の誤謬が起こらないようにして、市場の自由な競争がマクロ経済の成果に結びつくようにするために割り当てるべき政策は、マクロ経済の安定化政策です。すでに述べましたが、需要不足はさまざまな「合成の誤謬」をもたらし、物価の下落、失業の増大、設備稼働率の低下などマクロ経済の不安定要因になります。したがって、マクロ経済を安定化させる政策は、構造改革などの供給サイドの政策ではなく、需要サイドに働きかける政策です。平成の長期経済停滞期のようなデフレ経済では、デフレ予想を終息させることによって、合成の誤謬が起きないようにマクロ経済の環境を整えることが肝心です。それに対して、デフレを放置して構造改革を進めても、個人や企業や金融機関の努力はマクロ経済全体の利益に結びつかない可能性があります。マクロ経済が安定してはじめて、構造改革も成功するでしょう。

以上が「経済政策の割り当て法則」ですが、それを間違えて、構造改革を本来の「無駄をなくし、生産性を高める」という供給サイドの目的に割り当てるだけでなく、景気対策、すなわち需要サイドのマクロ経済の安定化政策にも割り当てようとすると、「合成の誤謬」に陥って、構造改革そのものが失敗してしまうでしょう。したがって、デフレ下で、構造改革だけで経済を再生させようとすれば、景気は自立的に回復せず、構造改革それ自体も失敗に終わる可能性が大きくなります。

†英国病は供給サイドに問題があった

ここで、英国病とその克服とマクロ経済の安定化政策の関係について触れておきましょう。

第一章で述べましたが、英国病の原因は慢性的な需要不足ではなく、生産性向上を妨げる労使関係や教育制度および非効率な国有企業の存在など、供給サイドにありました。すなわち、英国病は、需要不足による経済停滞ではなく、供給能力不足による経済停滞だったのです。この場合には、生産性の向上を妨げている労使関係と教育制度の改善や国有企業の民営化と競争促進政策など供給能力（潜在成長率）を引き上げる政策が妥当な政策です。

それに対して、平成の長期経済停滞の原因はデフレを伴った需要不足にあり、供給サイドにはありません。この場合に優先すべき経済政策は需要不足を解消するマクロ経済安定化政策です。もちろん、日本経済に供給サイドの問題がないわけではありません。しかし、マクロ経済の安定化政策なしに、供給能力を高める構造改革などの供給対策を実施しても、GDPギャップが拡大してしまい、構造改革は成功しないということです。

実は、サッチャー改革の事例もこのことを示しています。すなわち、供給サイドのサッチャー改革が生産性の向上、安定した経済成長に結びつくのは、九〇年代初めに、金融政策がインフレ目標政策を採用するようになって以降、インフレが一％〜三％に維持されるとともに、失業率も低下して、マクロ経済が安定化してからなのです。すなわち、サッチャー改革の成功は、構造改革のような供給サイドの政策が成功するためには、マクロ経済の安定化が不可欠の条件であることを示しているのです。

†マクロ経済安定化政策としての財政政策

それでは、マクロ経済を安定化させるには、どうしたらよいでしょうか。マクロ経済の安定化政策には、財政政策と金融政策があります。これまでは、政府と日本銀行とを区別しませんでしたが、マクロ経済安定化政策を財政政策と金融政策に分けると、前者は政府の、後者は日銀の担当ということになります。

まず、マクロ経済安定化政策としての財政政策から考えましょう。

財政政策には財政支出政策と減税政策があります。財政支出政策は、経済全体の需要の構成要素のうち、財政支出を増やすことによって他の需要項目（民間消費、民間投資、および輸出）の減少を補う財政政策です。財政支出には教育支出や福祉支出などがありますが、これらの支出は需要の不足を補うほど急に増やすことは困難です。そこで、不況対策として、財政支出を増やす場合には公共投資の増加が選ばれるのが普通です。公共投資とは道路、橋、港湾、飛行場などをつくることをいいます。

バブル崩壊後、さまざまな経済対策が打ち出されましたが、九二年以降九九年までに採用された経済対策による公共事業費（公共投資支出）の合計額は約六十兆円に達しました。公共投資などの財政支出の増加は税収ではとても賄えなかったため、毎年、巨額の国債や地方債などの公債が発行されました。バブル期にいったん減少した公債発行は、九二年の不況入りに伴って増加に転じ、その後、十兆円台後半から二十兆円台前半で推移しましたが、九七年後半から不況色が強まったため、九八年以降三十兆円台に跳ね上がり、九九年には三十七兆五千億円にも達しました。

九二年以降、財政支出が増えると、景気は回復するのですが、その増加を止めたり、減らしたりすると、たちまち景気が悪くなってしまうということが繰り返されてきました。そうした中、国債残高だけが急増するという状況です。それは、財政支出の増加は、それが増加している間は需要不足を補うことができるのですが、財政支出の増加自体には民間消費や民間投資という民需を持続的に拡大させる力がないために、財政支出から民需へのバトンタッチがうまくいかないからです。

もう一つの財政政策は減税です。例えば、所得税を減税すれば、人々の可処分所得（所得から税金や社会保険料負担を引いたもの）が増えるため、消費が増加すると期待されます。しかし、所得税減税が一時的だと予想される場合には、減税分は消費の増加には回らず、貯蓄の増加に回ってしまう傾向があります。この点を考慮して、九八年度には一時的な所得税減税でなく、恒久的な所得税減税が実施されましたが、九七年度にすでに消費税が増税されていたため、恒久所得減税の消費刺激効果は消費税増税による消費抑制効果を相殺するにとどまったようです。

その他の減税政策としては、法人税の減税や設備投資減税あるいは研究開発投資減税などがあります。これらはすべて企業の設備投資や研究開発投資を促進することによって景気の回復を図るとともに、将来の生産性を高めようとする政策です。これらの減税の意義をここでは詳しく説明する余裕はありませんが、デフレ不況を克服する効果は限定的であると考えられます。

†デフレから脱却するための金融政策

デフレ不況から脱却するための、もう一つのマクロ経済安定化政策は金融政策です。九二年に景気が後退して以来、日本銀行がとってきた不況対策としての金融政策は、国債や手形の買いオペレーションでした。

これは日銀が銀行から国債や手形を買うことによって、金利の低いお金を銀行に供給する政策です。これにより、銀行が金利の低いお金を調達すれば、銀行は貸出や国債や社債などの証券の購入に積極的になると期待されます。銀行が貸出金利を下げて貸出を増やすようになれば、企業が銀行から借りて設備投資に乗り出す可能性が高まります。銀行の社債購入が増えれば、社債の金利が下がりますから、企業は社債を発行して設備投資に踏み切るかもしれません。

銀行の国債の購入が増えれば、国債の金利も下がるでしょう。国債の金利が下がるにつれて、国債を持っている投資家の中には、国債を売って定期預金に乗り換えようとする人が現れるでしょう。銀行は定期預金が集まりすぎると、その運用が難しくなりますから、定期預金金利を引き下げると考えられます。

このようにして、国債や定期預金を持っていても、得られる金利収入が減れば、投資家の中には、リスクはありますが、株式を買ったり、ドルを買ったりする人が増えると期待されます。これによって、株価が上がり、ドルが高くなり、逆に、円は安くなるでしょう。

株価が上がると、株式を持った家計の中には消費を増やす人がいます。企業も増資がしやすくなりますから、増資によってお金を調達して、設備投資を増やす可能性があります。円がドルに対して安くなれば、輸出が伸びて、輸出企業の売上げが伸び、賃金も上がるでしょう。賃金が上がった家計は消費を増やすと思われます。そうすると、第一章1節で説明したように、消費の増加が次々に家計の間に波及していきます。

設備投資や消費が活発化し、景気が回復する一方、株価も上がってくれば、地価に割安感が出てきて、低い金利でお金を借りて土地を買って事業を始めたり、不動産投資信託に投資したりする家計や企業も増えるでしょう。そうなれば、地価も底を打って上昇に転ずる可能性があります。株価と地価が底を打って上昇トレンドに入れば、家計や企業や銀行のバランス・シートは改善しますから、消費、設備投資、銀行の貸出などが活発化するでしょう。

こうして、設備投資、輸出、消費といった需要が増えれば、企業の売上高も増え、利益も回復します。企業は売上高の増加に応ずるために、生産と雇用を増やすでしょう。リストラも減り、失業率が低下すると、雇用不安がなくなり、家計の消費も増えると期待されます。

このようにして、GDPギャップが解消し、デフレからの脱却に成功する可能性が出てきます。

†ゼロ金利政策から量的緩和政策へ

それでは、デフレから脱却するために、実際に、日銀はどのように金融政策を運営してきたでしょうか。日銀は九八年二月末に、金融を緩和しても、景気がなかなか回復しなかったため、銀行にお金を大量に供給して、銀行同士がお金を借りたり、貸したりする（このお金は一日といったごく短期間の貸借のお金で、呼べばすぐ帰ってくるところから、コールといいます）ときの金利（コール・レートといいます）をほぼゼロにする政策を採用し始めました。これをゼロ金利政策といいます。しかし、それでも銀行の貸出は増えず、デフレから脱却することもできませんでした。

ゼロ金利政策は、〇〇年八月に、ＩＴ投資が増えて景気回復の兆しが見えはじめたため、「デフレ懸念は払拭された」という理由で解除されました。しかし、その後もデフレが続き、ＩＴバブルもはじけて、景気も後退し始めたため、日銀は〇一年三月一九日から、量的緩和政策を採用することにしました。

これは、日銀が銀行に供給するお金を潤沢に維持する政策をいいます。日銀が金利を調整するのではなく、銀行に供給するお金の量を大幅に増やすという意味で、量的緩和政策と呼ばれます。日銀はこの量的緩和政策を消費者物価指数（全国、除く生鮮食品）の前年比上昇率が安定的にゼロ％以上になるまで継続するとしており、〇四年一〇月現在も続いています。

†デフレ予想を払拭する金融政策への転換

量的緩和政策が想定するデフレ脱却のメカニズムは、右に説明した普通の金融政策とは異なっています。ゼロ金利政策によっても、日本経済はなかなかデフレから脱却できませんでした。それは、右で説明した金融政策のメカニズムが、次のようにしてうまく働かなくなったからです。

金利はゼロよりも引き下げることはできません。したがって、銀行同士がお金を貸し借りするときの金利もゼロより低くは引き下げられません。そうなると、ゼロ金利政策によっては、銀行の貸出金利やその他の金利を、デフレから脱却するために必要な水準以下には下げられなくなってしまいます。一方で、人々の間にはデフレ予想が定着してしまっています。デフレを予想する中で、それ以上は金利が下がらなくなると、お金を設備投資などのモノの購入に向けるよりも、金利収入が得られる金融商品で運用しながら、設備価格の下落を待ったほうが有利になります。いま高い価格で設備を買って、それを使って生産した製品を売る頃に、製品価格が下がっていれば、高値で設備を買って、安値で製品を売ることになります。これでは、二重の損になります。それよりも、金利は低いとはいえ、デフレが終わるまで国債でも持っていたほうがまだましです。ということになれば、ゼロ金利政策の景気回復手段としての有効性は低下します。銀行間の取引金利をゼロ以下に下げられないとなれば、人々のデフレ予想を打ち砕く、もっと強力な金融政策が必要になります。

日銀の量的緩和政策は、消費者物価が安定的にゼロ%以上になるまで続け、そうならない限り、銀行に供給するお金を潤沢に維持するという決意を表明した政策です。これによって、直ちに、人々のデフレ予想が消滅することはないでしょう。しかし、人々が、景気が回復しても、デフレが続く限り、日銀は金融引き締めに転じないことを確信すれば、デフレ予想が解消する可能性が出てきます。

†インフレ目標政策の提言

量的緩和政策は、デフレからの脱却が確認されれば解除されますが、それ以後、どのような金融政策がとられるかは、はっきりしません。そこでここでは、デフレから早期に脱却し、その後も、景気循環の波を小さくし、マクロ経済の長期的な安定を図る金融政策として、「量的緩和政策」から「インフレ目標政策（インフレ・ターゲット政策）」へ転換することを提言したいと思います。

インフレ目標政策とは、一％から三％程度の穏やかなインフレ目標を設定して、中央銀行（日本では、日銀）が金融政策を運営することをいいます。

九〇年代半ばからのアメリカの長期景気拡大が、グリーンスパンFRB議長の絶妙な金融政策の舵取りに大きく依存した例からも分かりますが、今後、日本経済が長期にわたって、一～三％程度の穏やかなインフレを維持しながら、実質で三～四％、名目で五～七％程度の成長を維持できるかどうかは、日銀の金融政策に大きく依存しています。

それでは、なぜ一～三％程度のインフレが望ましいのでしょうか。それはひとつには、すでに述べましたが、物価が持続的に下落するデフレ下では、マクロ経済を安定化させることが困難だからです。

一方、インフレ率は高すぎても問題です。それはインフレ率が高くなるにつれて、インフレ率の変動が大きくなるからです。例えば、インフレ率の平均が二%であれば、インフレ率の変動は一%から三%台におさまる傾向がありますが、平均が八%くらいに高まると、インフレ率は五%から一五%といった幅で大きく変動する傾向があります。インフレ率の変動幅が大きくなると、家計や企業にとって将来のインフレ率を予想することは難しくなります。そのため、家計と企業の支出（消費、住宅投資、設備投資）は大きく変動するようになり、その結果、マクロ経済も不安定になります。

さらに、消費者物価指数は品質の向上や安売りなどの考慮が遅れるため、高めに出る傾向があります。日本の消費者物価指数については、実際よりも一%程度高めであることが知られています。したがって、消費者物価指数でみて〇%インフレは、実際には、マイナス一%のデフレです。

さらに、九〇年代以降、インフレ目標政策を導入して金融政策を運営してきたイギリスやカナダなどの多くの国は、インフレ率を長期にわたって一～三%程度に維持しながら、日本よりも高く、かつ安定した成長率を達成しています。九〇年代初めからインフレ目標政策を採用しているイギリスは、日本よりも高い成長率を維持しているだけでなく、ヨーロッパ諸国の中ではオランダと肩を並べる低失業率国で、かつての英国病の汚名を完全に返上しています。こうした経験も、一～三%程度のインフレは経済の安定的成長に貢献することを示しています。

穏やかなインフレ国の実質成長率は高い

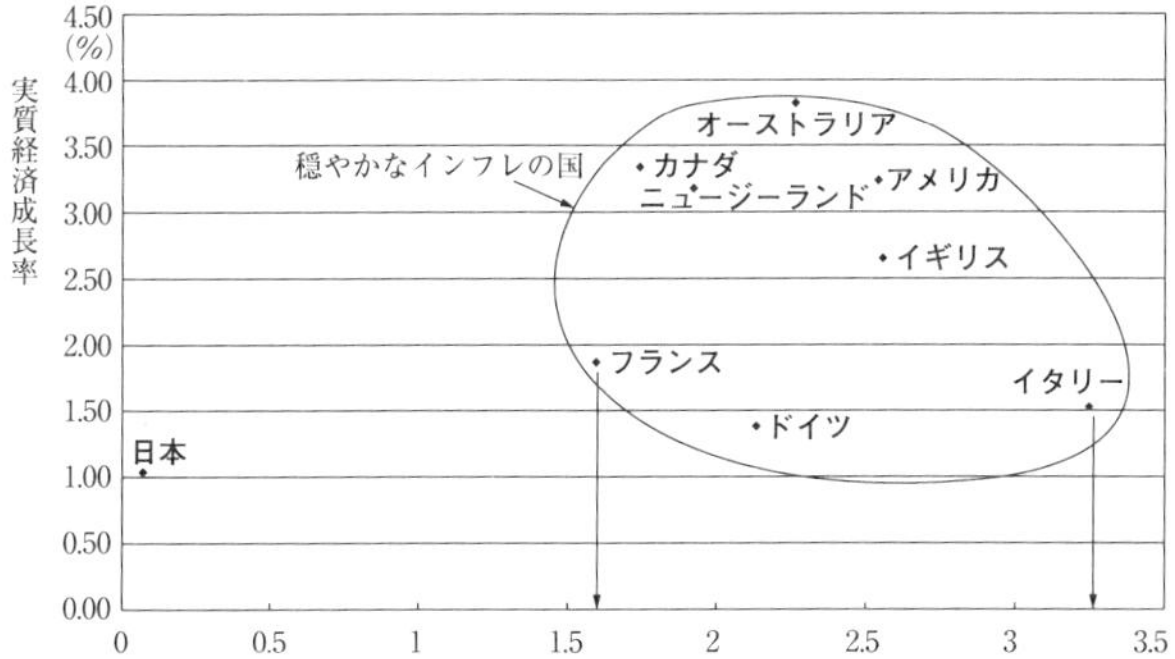

（注）インフレ率：アメリカ、ドイツ、日本、イタリー、オーストラリアは1992〜2003年平均。イギリス、フランス、カナダ、ニュージーランドは1992年〜2002年平均。
経済成長率：アメリカ、イギリス、フランス、イタリー、日本、オーストラリアは1992年〜2003年平均。ドイツは1993年〜2003年平均。ニュージーランドは1992年〜2002年平均。

（出所）IMF International Financial Statistics

いまや、日本とアメリカを除いて、変動相場制を採用している国の大部分は、インフレ目標政策を採用しています。インフレ目標を採用していないアメリカの中央銀行（FRB）も、実際には、二〜三%の範囲にインフレ率を保とうとしているという実証研究もあります。

以上から、日銀が目指すべき物価の安定とは、「デフレでもインフレでもない状態ではなく、一〜三%程度のインフレである」と考えられます。

インフレ率を一〜三%程度に維持することは、日銀の金融政策の役割で、財政政策の役割ではありません。金融政策によってインフレ率を長期的に一〜三%程度に維持することを前提として、財政政策は社会資本の形成と社会保障（税金や年金などによる）などの所得再分配政策に専念すべきでしょう。

†金融政策のレジームとしてのインフレ目標政策

さて、中央銀行が採用する金融政策の基本的かつ長期的なルールを、「金融政策のレジーム」といいます。七〇年代後半以降の経済政策の効果に関する研究は、民間の経済主体は「金融政策のレジームには反応するが、それからの一時的離脱には反応しない」ことを明らかにしています。これらの研究と九〇年代以降の諸外国の金融政策の経験を踏まえると、日銀には、「長期的に一〜三%程度のインフレを目標に掲げ、その実現にコミットすること」を強く望みたいと思います。ここに、「その実現にコミットする」とは、説明責任と結果責任とを伴った約束のことです。

日銀がインフレ目標の達成に強くコミットする金融政策は、金融政策のレジームを、明確に、穏やかなインフレの実現に設定することによって、人々のデフレ予想を払拭し、穏やかなインフレ予想の形成に働きかける政策です。インフレ目標政策の下では、人々は自らのインフレ予想と実際のインフレとを比較しながら、今後の金融政策、将来の金利や資産価格の行方などを予想するようになります。この政策への転換により、量的緩和政策以後の「金融政策のレジーム」が明確になり、人々は将来の物価などに関する予想を立てやすくなります。

ところが、〇四年現在、金融政策に裁量の余地を残したい日銀は、インフレ目標政策を採用すると、その目標に縛られて、金融政策の自由度を失うと考え、インフレ目標の導入に反対しています。しかし、インフレ目標政策は厳格なルールではなく、金融政策が長期的に目指すべき目標を定めるという意味で、金融政策の枠組み（レジーム）を設定するもので、日銀にまったく裁量の余地がなくなるわけではありません。目標インフレ率は金融政策が向かうべき長期的な目標ですから、石油価格の高騰などの短期的なショックに対処するために、目標から短期的に離れることは許容されます。しかし、長期的には目標に戻るという意味では、日銀には長期的な裁量の余地はありません。

金融政策の歴史をみれば、長期的に戻るべき目標なしに、金融政策を中央銀行の完全な裁量に任せることは失敗の元であること、さらに、金融政策の目標としてはインフレ目標が物価や経済成長などのマクロ経済の安定にもっとも寄与してきたことを示しています。

3　日本経済の短期と長期の課題

†長期経済停滞下の景気回復

これまで、バブル崩壊以降、日本では長期停滞が続いたと述べてきましたが、景気が良かったことがなかったわけではありません。九六年には三・四%、〇〇年は二・八%で成長しています。

しかし、九七年には消費税増税や公共投資の削減、アジア金融危機などで景気は下降し始め、九八年にはマイナス一・一％にまで落ち込んでしまいました。〇〇年の回復はIT投資に牽引されたといわれますが、〇一年に輸出が減少すると、たちまち成長率は〇・四％へと落ち込み、後にITバブルの崩壊と呼ばれるようになります。そして、〇三年からの回復が三度目の回復です。

このように、景気が良くなったり、悪くなったりすることを、景気循環といいますが、デフレ下でも、景気循環がなくなるわけではありません。問題は、景気循環の波を小さくして、長期的かつ安定的な経済成長率を実現できるかどうかです。

過去三回の景気回復の原動力を比較すると、九六年は消費の増加が最大の原動力で、公共投資と住宅投資がそれに続きました。輸出は当時円高だったため減少し、景気回復の足を引っ張ったほうです。しかし、消費と住宅投資が増えたのは、九七年四月からの消費税増税を予想した家計の「駆け込み需要」のためだったと思われ、九七年は、消費税増税により、消費と住宅投資が減って、景気の足を引っ張るほうに回ってしまいます。

〇〇年の景気回復の最大の原動力は輸出の大幅な増加で、次が設備投資の増加でしたが、公共投資は減り続けました。しかし、景気回復の最大の原動力だった輸出が減ると、それにつれてIT投資をはじめとする設備投資も減って、当時の、ITフィーバーはどこへやら、景気回復はあっけなく終わってしまいました。この景気回復が輸出の減少によって腰折れしてしまった原因の一つとして、〇〇年八月にゼロ金利政策を解除してしまったことがあげられるでしょう。ゼロ金利政策の解除は、人々に、日銀はデフレ脱却にコミットしていないと受け取られ、デフレ予想の定着に一役買ったと思われるからです。

〇三年からの回復の最大の原動力も輸出で、次が輸出の増加によって誘発された設備投資です。公共投資が減っている点でも、〇〇年の回復と同じです。新聞などでは、〇三年からの回復は公共投資が減る中での自立的回復であり、過去二回の回復と違うといわれますが、実際は、〇〇年の回復も公共投資が減る中での回復だったのです。

このように、〇三年からの回復も、輸出の増加に大きく依存している点で、〇〇年の回復と共通しています。

†デフレ率の低下とデフレ予想の後退

〇三年からの回復がそれまでの二回と異なる点は、デフレ率（物価が下がる程度）が縮小している点です。国内企業物価は原油高や円安を反映して〇四年二月に下げ止まりました。消費者物価は〇四年一〇月現在まだ下がっていますが、下がり方は小さくなり、前年比マイナス〇・一％から〇・三％程度です。しかし、経済全体の物価を示すＧＤＰデフレーターの低下率は依然として前年比、マイナス二・七％程度で、縮小していません。

このように、〇四年以降、GDPデフレーターを除くと、デフレ率は低下しています。これをもって、気の早い人々は「すでにデフレは終わった」として、日銀の量的緩和政策の終了を主張し始めました。この主張を「量的緩和出口論」といいます。

しかし、前節で述べましたが、消費者物価指数の変化率は実際よりも一％程度上方にバイアスがかかっています。それを考慮すると、「安定的に一％以上」になったときに、デフレから脱したといえるでしょう。したがって、〇四年は、まだデフレから脱したとはいえません。

それでは、〇四年に、デフレ率が低下したのはなぜでしょうか。この点は、データが揃うまではっきりしたことはいえませんが、次のようにして、人々のデフレ予想が後退したためだと思われます。

第一に、デフレを絶対に阻止するという、アメリカをはじめとする世界的な超金融緩和政策が功を奏したことです。これによって、各国でデフレ予想が後退し、世界的に需要が拡大しました。

第二に、日本の金融政策もデフレ脱却へのコミットを強めたため、日本でもデフレ予想が後退したと思われます。

第三に、企業の過剰設備、過剰債務の調整が進んだところに、タイミングよく世界的に需要が高まり、日本の輸出が急拡大するとともに、日本が得意とするデジタル製品の開花時期とも一致しました。

第四に、デフレ予想に基づいて、企業はバランス・シート調整に励んでいたため、カネ余りの状態にあったことが、良い方向に作用しました。すなわち、不良債権処理を加速する大手行を中心に貸出が減少したのですが、企業がカネ余りだったため、設備投資の増大が企業金融面から妨げられることがありませんでした。

第五に、金融庁の不良銀行への資本注入姿勢と産業再生機構の企業再生政策が、金融不安の発生を封じ込んだため、金融不安を原因とする需要の減少が起きなかったことです。しかし、この金融と企業再生のための政府の介入政策は、第五章で述べた「産業政策」と同じで、長期的にみれば、日本経済の効率化にとってはマイナスだと考えます。

第六に、前節で述べましたが、不良債権処理に関する「ハード・ランディング路線」が事実上、放棄されたため、金融不安を原因とする消費や投資の減少が起きずにすみました。

最後に、リストラの一服、企業収益の増加などにより、家計のデフレ予想も後退するとともに、家計が予想する将来の所得も上方に修正されたため、消費が回復し始めたことがあげられます。

†日銀の量的金融緩和政策はどう評価するか

右で、日本の金融政策もデフレ予想の後退に寄与したと述べ、評価しました。福井俊彦日銀総裁就任（〇三年三月二〇日）後の日銀の金融政策は、前節で提言した「インフレ目標政策」からの隔たりは小さくないのですが、速水優前総裁時代に比べれば、はるかに強くデフレからの脱却にコミットしたため、金融政策に対する市場の信認が高まり、人々のデフレ予想を後退させる効果を持ったと考えられます。

福井総裁の方針が評価できる点は、第一に、総裁就任までは、デフレの原因を世界のグローバル経済化に求め、もっぱら日本の構造改革の必要性ばかり主張していたため、金融政策によるデフレ脱却には消極的であると予想されたのですが、総裁就任後はその予想をよい意味で裏切り、ことあるごとに量的緩和の継続に言及して、市場の「量的緩和出口論」を封じ込めてきたことです。この福井総裁のデフレ脱却に向けたコミットの強さは、私にとって予想外のことでした。

第二に、こうした福井総裁の影響もあって、量的緩和継続に消極的であった一部の日銀審議委員（日銀の政策決定会合で、金融政策を審議し決定する委員）も、総裁の量的緩和継続、または、いっそうの量的緩和の提案に反対しなくなり、〇四年には、量的緩和政策の継続は全員一致になりました。

第三に、福井総裁就任後、次第にデフレ脱却にコミットするようになった日銀は、財務省の円安誘導の為替介入政策をきっかけに、いっそうの量的緩和に踏み切り、為替介入政策を支援しました。

〇三年後半から〇四年にかけての為替介入による円安は、輸出の増加による需要の増加などの経路を通じて、デフレ予想を後退させる要因になったと考えられます。
○四年の景気回復はアメリカや中国への輸出の急増に支えられたものでしたが、米中経済に大きく依存せずに、安定的な成長を維持するには、景気回復の裾野を中小企業非製造業にまで広げるとともに、消費の安定的な伸びにつなげて、内需の安定的拡大を図ることが必要です。
日本経済の回復持続性、つまり、輸出や財政政策に頼らない安定的な持続的内需拡大は、金融政策に大きく依存します。そのためには、日銀にははっきりと「インフレ目標政策」に転換して、デフレから脱するだけでなく、穏やかで安定的なインフレの持続を実現してほしいと思います。

しばしば、冷戦崩壊後の旧社会主義国の安い賃金のために、中国の高い経済成長によって原材料はインフレになっても、消費財などの最終製品のデフレは続くのではないかといわれます。しかし、日銀の金融政策が穏やかな消費者物価上昇を目指して、その目標にコミットするようになれば、冷戦崩壊後の社会主義国の安い賃金や中国の経済成長のいかんにかかわらず、最終製品価格も穏やかに上昇するようになるでしょう。

実際に、○四年現在、賃金の安い中国でも最終製品価格が上昇しています。デフレになるかインフレになるかを最終的に決めるのは、国内の金融政策なのです。
○四年は、デフレからの脱却が予想される中、今度は、国債残高の増大で、長期金利が急騰するのではないかと危惧されるようになりました。長期金利が急騰するかどうかは、市場がデフレ脱却後に、日銀が一〜三%程度の穏やかなインフレを維持できると予想するかどうかにかかっています。日銀がそのような市場の予想形成に成功すれば、長期金利は穏やかな上昇にとどまるでしょう。そのためにも、インフレ目標政策を採用して、デフレ脱却ではなく、穏やかなインフレを目指す金融政策に転換すべきだと考えます。

消費者物価が安定的に〇%以上になったあとで、日銀が何を目標に金融政策を運営するのかを明確にしないまま、量的緩和政策を継続すれば、何らかのショックを受けて、金利が高騰したり、不安定になったりする可能性があります。

†もっと高い成長目標を掲げよう

政府は、「〇六年度に名目二%成長達成」という目標を掲げていますが、これは、金融システムの安定化や財政構造改革や年金改革を進める上で、あまりにも控えめすぎる目標です。

例えば、バブル期の実質五%成長は無理としても、八〇年代前半の実質三%成長が九二年から〇二年までの一一年間続いたとしてみましょう。そのときの実質国内総生産と実際の実質国内総生産の差を失われた実質国内総生産とすると、九二年から〇二年までにかけて失われた実質国内総生産の累計額は、六六二兆円に達します。これは〇二年の一年分の実質国内総生産五三七兆円よりも二割以上も大きな金額です。九二年以降〇二年までに失われた実質国内総生産は実に大きく、まさに「失われた一〇年」と呼ぶにふさわしいものがあります。この巨額な損失を取り戻すには、今後、高い経済成長が長期にわたり続かなければなりません。さらに、日本経済が〇四年現在直面している諸問題を解決するには、実質成長率だけでなく名目成長率（物価変化率で調整する前の成長率）も高めなければなりません。

例えば、政府の税収は実質成長率が高くても、デフレで名目成長率が低ければほとんど増えません。まして、九八年から〇三年（ただし、〇〇年は除きます）のように、名目成長率がマイナスであれば、実質成長率がプラスでも、税収は減ってしまいますから、財政再建は不可能です。

年金保険料収入も名目所得（物価で調整する前の所得）が増えれば増えるという関係にありますから、名目成長率が低いままでは、保険料率を引き上げたり、給付水準を引き下げたりしても、年金財政の改善には限度があります。保険料率の引き上げや給付水準の引き下げが大きくなれば、消費を冷やすことによってデフレを促進し、名目所得の伸び悩みから、かえって保険財政を悪化させる可能性すらあります。

銀行が抱える不良債権問題も、企業の名目収入が増えて、名目で契約されている借金が返済できるようになってこそ、最終的に解決します。これまでのように、マイナスの名目成長率の下で、銀行の不良債権問題や企業の過剰債務問題を解決しようとすると、地域経済を支える上で重要な銀行や企業の中に、自助努力だけでは再生困難なケースが現れ、そのたびに、政府が資本注入したり、産業再生機構などを使って救済に乗りだしたりしなければならなくなります。「金融と産業の再生」という美名の下に、産業再生機構によって企業を救済することは、小泉構造改革の目的に逆行し、非効率な企業を温存することにつながる「産業政策」に他なりません。

生命保険会社は長期にわたるデフレで、予想以上に金利が低下したため、運用利回りが約束利回りを下回るという逆ザヤ問題に苦しんできました。平成のデフレで、すでに七つの生命保険会社が破綻し、外資などに吸収される一方、その加入者は受け取り保険金を大幅にカットされる被害にあっています。生保の逆ザヤ問題も、穏やかなインフレの下、名目成長率が高まる中で、名目の運用利回りが適度に上昇してはじめて解決します。

さらに、成長は人々の間の所得格差を縮める最大の要因です。多くの実証研究が、所得格差の縮小にもっとも貢献したのは政府による所得再分配政策ではなく、経済成長だったことを明らかにしています。実際に、日本の高度成長は「一億総中流」といわれたように、所得格差を縮小しました。逆に、平成の長期経済停滞期のように低成長が続けば、雇用の減少、失業率の上昇、企業倒産、賃金カットなどにより所得格差は拡大します。また、そもそも低成長では所得再分配政策にも限度があります。所得格差の縮小のためにも、成長率を高めることが必要です。

デフレの弊害を除去して、五～七％程度の名目成長率を実現し、その下で、銀行と企業の淘汰・選別を競争的市場に任せてこそ、日本経済の効率化を進める真の構造改革です。

以上のようにして、企業が直面する名目変数（名目の売上高や名目の収入などで、物価で調整する前の経済変数）の上昇率が高まり、それに伴って企業のバランス・シートが改善してこそ、雇用の本格的な拡大も望めるようになるでしょう。

日本経済は低く見積もっても、二％後半から三％程度の実質成長率を達成できる潜在的可能性を持っていると思われます。この潜在成長率をさらに高めるのが構造改革であり、高められた潜在成長率を実現するのがマクロの経済安定化政策、特に、金融政策です。

勇ましい掛け声だけでなく、本格的に構造改革を進めることにより、潜在成長率を四％程度まで高め、その上で、名目成長率を五～七％程度に維持しようとすれば、GDPデフレーターは一～三％で上昇しなければなりません（定義により、名目成長率は実質成長率にGDPデフレーターの変化率を足したものになります）。つまり、日本経済が真に復活するには、デフレを止めるだけでは不十分で、物価が一％から三％で上昇し続けることが必要でしょう。

穏やかなインフレのもとで、本格的な構造改革により、五～七％程度の名目成長率が見込まれるようになれば、増税、歳出削減が可能になる条件が整います。そうなれば、国債残高の累増による金利の上昇も避けられるでしょう。

高齢化が進む中、将来世代の年金保険料負担の増加をできるだけ小さくするためにも、構造改革を本格的に進めて、潜在成長率を引き上げることが必要です。

政府も財政や年金問題を、国民の痛みをできるだけ小さくしながら解決するには、二%名目成長などといわず、もっと高い目標を掲げるべきです。

日本経済は、金融政策によってマクロ経済を安定化させ、本格的に構造改革を進めれば、実質で四%程度、名目で五~七%程度の経済成長率を達成できる実力を備えていると考えます。

この潜在的な実力を実現すれば、少子・高齢化のもとでの財政構造改革と年金改革にも明るい展望が開けてきます。

4　環境問題と持続可能な社会

†環境問題とは

この本では、競争を促進する構造改革や公取の競争政策とマクロ経済安定化政策を組み合わせることの重要性を強調してきましたが、最後に、それだけでは解決できない環境問題に触れておきましょう。読者の中にも、経済成長率を引き上げることばかり考えていては、環境破壊が進み、そのような社会は果たして持続可能かと疑問を抱かれる方もおられるでしょう。一方、環境問題に本格的に取り組めば、経済成長率は大幅に落ち、私たちの生活水準は高度成長以前に戻ってしまうのではないかと心配される方もおられるかもしれません。最後に、こうした超長期的な問題を考えてみたいと思います。

環境問題はこの章の2節で述べた、⑥の外部性の問題とかかわっています。外部性とは市場の外部で起きる現象をいいます。例えば、二酸化炭素の排出が増えることによる地球温暖化が世界的に問題になっています。九七年の京都での国際会議で、先進国の二酸化炭素をはじめとする温室効果ガスの削減目標が決められ、日本は温室効果ガスの排出量を〇八年から一二年の間に、九〇年に比べて六%削減することを約束しています。

二酸化炭素の排出は次の意味で、市場の外部で行われる取引で、外部性問題と呼ばれます。例えば、自動車を運転する人は大気中に排気ガスを排出しますが、この二酸化炭素を含んだ排気ガスは地球温暖化を促進し、遠い将来世代に農産物被害などを与える可能性があります。この排気ガス排出行為においては、将来世代に被害を与える人と被害を受ける将来世代との間で、被害の損害賠償について取引が行われていません。仮に、両者の間で損害賠償額について取引が行われれば、その取引は市場取引で、市場が存在することになります。ところが、そもそも、取引相手の将来世代はまだ生まれていませんから、この種の取引市場は存在しません。市場が存在しなければ、人々の自由な市場取引に任せるという解決方法はとれません。地球温暖化に限らず、環境問題とは市場が存在しないことによって生ずる問題です。

†炭素税（環境税）の導入による解決

それでは、環境問題をどうやって解決したらよいでしょうか。本書では、市場の持つ有用な機能を強調してきましたが、環境問題も市場によって解決を図るのが最適であると考えます。しかし、市場が存在しないのに、どうやって市場による解決を図ればよいのでしょうか。市場が存在しないのですから、人為的に市場を作ればよいのです。では、どうやって市場を作ればよいでしょうか。

その一つの手段は、二酸化炭素の排出に対して、将来世代が受けると推定される被害額に応じて、炭素税という税金をかけることです。炭素税は環境税の一種ですので、環境税と呼ばれることもあります。この仕組みは、自動車の排気ガスの例でいえば、現在、自動車を運転する人と将来地球温暖化により被害を受ける人との間で、政府が強制的に取引を行わせることであると考えることができます。つまり、被害額に関する取引市場を人為的に作って、被害を与える人に負担を求める仕組みです。ただし、この取引では、将来世代は被害額に相当するお金を受け取ることはできません。お金を受け取るのは税金をかける政府です。しかし、以下で説明しますが、将来世代は炭素税が導入されると、地球温暖化による被害が減るという利益を得ます。

現在の科学的知見では、将来世代が地球温暖化によってどれだけの被害を受けるかはよく分かっていません。したがって、炭素税をいくらにしたら被害額に相当するかも分かりません。しかし、炭素税がない場合よりも、地球温暖化を防止することはできます。例えば、原油や石炭などの化石燃料を一定量燃やせば、どれだけの二酸化炭素が排出されるかは分かっています。そこで、化石燃料一単位あたりに含まれる炭素量に比例して炭素税をかければ、炭素税は石油・石炭製品や化石燃料から作られるエネルギーなどの価格に転嫁されます。その結果、その生産・消費過程で二酸化炭素排出量の多い製品・エネルギーほど価格は上昇します。製品やエネルギー価格が上昇すれば、その製品・エネルギーを使う人や企業はそれらを節約して使ったり、それらに代わりうる製品・エネルギーのうちから、二酸化炭素排出量が少ないために、炭素税負担が小さく、したがって価格上昇の低い製品・エネルギーを選んで、それらに乗り換えたりするでしょう。企業は二酸化炭素排出量を削減する技術革新に取り組むでしょう。それによって、炭素税の負担を軽くできるからです。このように、現在世代の行動が変化する結果、二酸化炭素排出量は減り、地球温暖化は緩和され、将来世代はより良好な環境から利益を受けることになります。

具体的にいえばこうです。例えば、排気量の大きい車に乗っている人は炭素税がかかるとガソリン代が増えるので、排気量の少ない車や少ないガソリンで遠くまで走る車（これを燃費がよい車といいます）に買い換えるでしょう。自家用車やタクシーをしょっちゅう使っていた人は、ガソリン代やタクシー代がかさむため、できるだけ電車やバスなどの公共交通手段を使うようになると期待されます。自動車会社は燃費のよい車に人気が集まるので、燃費のよい車を開発しようとするでしょう。さらに、ガソリンやディーゼルではなく、二酸化炭素を排出しない燃料電池自動車の開発に本格的に取り組むと思われます。現在は、燃料電池自動車は採算が取れませんが、ある程度以上の炭素税が課せられれば、人々や企業の中に燃料電池自動車に乗り換えようとするものが出てくるでしょう。燃料電池自動車が普及し始めれば、大量生産効果が働き始めて、燃料電池自動車と燃料電池の充電の価格はともに下がり、ガソリン自動車やディーゼル自動車を利用するよりも安くなるでしょう。そうなれば、燃料電池自動車の普及と改善および価格低下はいっそう進みます。このような人々と企業の行動の変化は、確実に二酸化炭素排出量を減らし、地球温暖化を防止します。

†炭素税(環境税)のメリット

ここで注目していただきたいのは、これらの変化はすべて、個人と企業が誰かに命令されたり、「環境にやさしい行動をとりましょう」とお説教されたりすることなく、ただ単に、同じ品質ならばより安いものを選択した、その結果にすぎないという点です。炭素税は人々や企業の自由な創意と工夫に任せるという意味で、市場を利用した地球温暖化対策です。

この市場を利用した地球温暖化対策の大きなメリットは、環境規制による二酸化炭素削減政策と比べれば明らかです。いま、家計や企業の二酸化炭素排出量を一定値以下に規制するとしてみましょう。二酸化炭素は無数の家計、無数の自動車、無数の事業所、無数の工場から毎日排出されます。政府がこれらの無数の箇所から排出される二酸化炭素の量を毎日、排出される場所ごとに一つ一つ計測し、規制値以下に抑えることは、どんなに計算の速いコンピューターや正確な観測・計測網を作っても不可能です。ところが、炭素税はどんなコンピューターや観測・計測網を使っても不可能なことを、人為的に市場を作り、あとは市場に任せるだけで解決してしまう、もっとも安上がりの地球温暖化対策です。これが市場というもののすごさです。

炭素税は架空の話ではなく、すでに、フィンランド、スウェーデン、ノルウェー、デンマーク、オランダ、ドイツ、イタリア、イギリスなどで、地球温暖化防止のために導入されています。

炭素税の導入はそれだけ取り出すと、国民負担の増大で、大変なことのように思われます。ガソリンにはすでに揮発油税など、価格の半分程度の税金がかかっており、それに炭素税が加われば、大変な増税です。しかし、炭素税を導入する場合には、揮発油税などの現行の燃料税をすべて廃止し、炭素税という二酸化炭素排出量別の税金に置き換えられますから、それほど大きな増税にはなりません。また、炭素税収を所得税、消費税、法人税などの減税財源にあてることもできます。所得税や消費税は勤労意欲を損なう可能性があり、法人税は企業の海外移転を促して、国内の設備投資を抑制すると考えられます。そうであれば、炭素税をこれらの税の減税財源に使えば、勤労意欲が高まり、設備投資が増えますから、生産性が向上し、経済成長を落とすことなく、地球温暖化を防止できる可能性が広がります。炭素税は累増した国債の償還財源にもあてることができます。これにより、国債残高が減れば、景気が本格的に回復して、資金需要が増えても、民間が消化しなければならない国債が減るため、長期金利の上昇を穏やかなものに止めることができます。そうなれば、国債残高が多いために、長期金利が上がって、民間設備投資が締め出されるという効果も消滅しますから、成長率はむしろ上昇するでしょう。実際に、そのことを示す研究もあります。

あるいは、炭素税を地球温暖化防止のための技術開発の補助金として使うことも考えられます。独立行政法人環境研究所と京都大学の共同研究によれば、炭素税と補助金を組み合わせれば、二酸化炭素一トンあたり三千円の低税率（ガソリン一リットルあたり約二円の負担増）で、二酸化炭素排出量を九〇年の排出量よりも二％程度削減できると試算されています。この試算を利用すると、日本が約束している温室効果ガスの九〇年比六％減を、炭素税の導入と補助金の組み合わせだけで達成するとすれば、ガソリン一リットルあたり六円の負担増に相当する炭素税を導入する必要があります。

これまでの地球温暖化防止に関する経済学的研究の多くは、経済成長率をほとんど落とすことなく、地球温暖化を防止することができることを示しています。地球温暖化を防止するために、生活水準を高度成長期以前に戻さなくてはならないといったことはまったくないのです。

†持続可能な社会を目指して

右では、地球温暖化を例にとって、環境問題に対する経済政策を説明しました。しかし、環境問題は地球温暖化だけでなく、身近なところでは、ごみ問題に始まって、車から出る窒素酸化物、車の走行騒音、川、湖水、海の水質汚濁、自然の破壊など多岐にわたっています。これらの環境問題も炭素税と同じように、環境税という経済的手段を用いて対応することが、もっとも費用をかけずに、確実に環境を改善する方法です。環境税の導入により、私たちのライフ・スタイルは誰からも強制されることなく、自然に地球にやさしいものに変わっていくでしょう。

日本が財政や年金だけでなく、環境も含めた意味で、持続可能な社会に移行するという超長期的課題に取り組むためには、金融政策によってマクロ経済の安定化を図りつつ、潜在成長率を引き上げる構造改革を進めるだけでなく、環境税の本格的導入と他の税の減税の組み合わせという新たな税体系に向けて、本格的に国民的規模で議論する時期にきているといえるでしょう。

*日本経済を学ぶための文献案内

読者が本書読了後、さらに日本経済を学ぶために、参考となる文献のうち、比較的経済学の知識を必要とせずに読める文献をあげておきます。

1　高度成長

香西泰『高度成長の時代』(日本評論社、一九八一年。日経ビジネス人文庫、二〇〇一年)

2　高度経済成長以後平成の長期経済停滞まで

猪瀬直樹『日本国の研究』(文藝春秋、一九九七年。文春文庫、一九九九年)

原田泰『1970年体制の終焉』(東洋経済新報社、一九九八年)

岩田規久男『デフレの経済学』(東洋経済新報社、二〇〇一年)

立花隆『「田中真紀子」研究』(文藝春秋、二〇〇二年)

岩田規久男『スッキリ！日本経済入門――現代社会を読み解く15の法則』(日本経済新聞社、二〇〇三年)

岩田規久男・八田達夫『日本再生に「痛み」はいらない』(東洋経済新報社、二〇〇三年)

増田悦佐『高度経済成長は復活できる』(文春新書、二〇〇四年)

3　個人の自由と経済的自由に関するもの

ミルトン・フリードマン&ローズ・フリードマン『選択の自由――自立社会への挑戦』(西山千明訳、日本経済新聞社、一九八〇年。日経ビジネス人文庫、二〇〇二年)

ゲーリー・ベッカー&ギティ・N・ベッカー『ベッカー教授の経済学ではこう考える――教育・結婚か

ら税金・通貨問題まで』（鞍谷雅敏・岡田滋行訳、東洋経済新報社、一九九八年）

4　経済史・経済学説史からの平成の長期経済停滞の理解

竹森俊平『経済論戦は甦る』（東洋経済新報社、二〇〇二年）

若田部昌澄『経済学者たちの闘い――エコノミックスの考古学』（東洋経済新報社、二〇〇三年）

5　日本経済を考えるための基礎理論

飯田泰之『経済学思考の技術――論理・経済理論・データを使って考える』（ダイヤモンド社、二〇〇三年）

次の文献を理解するには、経済学の基礎知識がかなり必要ですが、平成長期経済停滞の原因をめぐる異なる立場のエコノミストの論争を扱ったもので、本書の立場と異なる考え方を知る上で有益です。

浜田宏一・堀内昭義＋内閣府経済社会総合研究所編『論争　日本の経済危機』（日本経済新聞社、二〇〇四年）

不適切な経済政策がデフレ大不況を招き、適切な経済政策によってデフレ不況を克服した歴史について学びたい読者には、次の文献を読んでいただきたいと思います。

岩田規久男編著『昭和恐慌の研究』（東洋経済新報社、二〇〇四年）

次の二著は、日本経済を理解する上でたいへん役に立ちますが、かなり大部ですので、右の参考文献を読んだ後、さらに、日本経済を学びたいという読者にお薦めします。

三輪芳朗＋J・マーク・ラムザイヤー『日本経済論の誤解――「系列」の呪縛からの解放』（東洋経済新報社、二〇〇一年）

三輪芳朗＋J・マーク・ラムザイヤー『産業政策論の誤解――高度成長の真実』（東洋経済新報社、二〇〇二年）

ちくま新書
512

日本《にほん》経済《けいざい》を学《まな》ぶ

二〇〇五年一月一〇日　第一刷発行

著　者　岩田規久男（いわた・きくお）

発行者　菊池明郎

発行所　株式会社　筑摩書房
東京都台東区蔵前二-五-三　郵便番号一一一-八七五五
振替〇〇一六〇-八-四一二三

装幀者　間村俊一

印刷・製本　三松堂印刷　株式会社

乱丁・落丁本の場合は、左記宛に御送付下さい。
送料小社負担でお取り替えいたします。
ご注文・お問い合わせも左記へお願いいたします。
〒三三一-八五〇七　さいたま市北区櫛引町二-六〇四
筑摩書房サービスセンター
電話〇四八-六五一-〇〇五三

ISBN4-480-06212-2　C0233

ちくま新書

002 経済学を学ぶ 岩田規久男
交換と市場、需要と供給などミクロ経済学の基本問題から財政金融政策などマクロ経済学の基礎までを現実の経済問題にそくした豊富な事例で説く明快な入門書。

065 マクロ経済学を学ぶ 岩田規久男
景気はなぜ変動するのか。経済はどのようなメカニズムで成長するのか。なぜ円高や円安になるのか。基礎理論から財政金融政策まで幅広く明快に説く最新の入門書。

080 国際経済学入門——21世紀の貿易と日本経済をよむ 中北徹
国際経済学の基本としての貿易、国際収支、為替レートの問題から海外投資、内外価格差の問題にいたるまでを明快に解説するとともに新時代の日本経済のあり方を説く。

093 現代の金融入門 池尾和人
経済的人口的条件の変化と情報技術革新のインパクトにより大きな変貌を強いられている現代の金融を平易・明快に解説。21世紀へ向けての標準となるべき会心の書。

336 高校生のための経済学入門 小塩隆士
日本の高校では経済学をきちんと教えていないようだ。本書では、実践の場面で生かせる経済学の考え方をわかりやすく解説する。お父さんにもピッタリの再入門書。

439 経済大転換——反デフレ・反バブルの政策学 金子勝
世界同時デフレに加え、イラク戦争後、「分裂と不安定の時代」の様相を強めている。バブル待望論と決別し、普通の人が普通に生きていける経済社会を構想する。

476 経済敗走 吉川元忠
円とドルの間で繰り広げられる為替ゲーム。それを背後で操る意思とは何か？ 九〇年代日本経済の軌跡をたどり、米国に敗け続ける経済構造に陥った元凶を抉り出す。